「子どもに
どう言えばいいか」
わからない時に読む本

明治大学文学部教授
教育カウンセラー
諸富祥彦

青春出版社

「うちの子が○○な時…、
親として、どう言えば
いいのでしょうか」

親であれば、
誰もが抱える悩みに
超人気教育カウンセラー
がズバリ答えます！

はじめに

私は教育カウンセラーとして子育てについてのカウンセリングをおこなってきた大学教授（明治大学）です。大学や大学院では心理学（特に、臨床心理学・カウンセリング心理学）を教えています。

これまで、プロのカウンセラーとして、多くの親御さんの相談にのってきました。下は0歳児の親御さんから、保育園・幼稚園児、小学生、中学生、高校生、大学生、そして上は30歳を過ぎたお子さんをお持ちの親御さんまで……。今も、千葉県で中学校のスクールカウンセラーをしています。これももう、15年めになります。

いちばん最初にプロのカウンセラーとしてかかわったのは、ある地域の児童相談所においてでした。

幼稚園の年長の息子さんが、お母さんに対して暴力をふるったり、時には刃物を持って追いかけまわしてきて困っている、という相談でした。

お母さまとしてはいったいどうしたらいいのかわからずに、相談に来られたわけです。

それからもう、30年近くも「子育てカウンセリング」をおこなってきました。

こういう話を聞くと、それは特別な家庭のことではないか？　と思われる方もおられるでしょう。

けれども、私の長年のカウンセリング経験をふまえて言えば、こうした一歩間違えばワイドショーで報道される事件につながりそうな、その「一歩手前」のところで何とか踏みとどまっているご家庭は、決してめずらしくありません。どの学校、どの学年でも、一学年に2人か3人くらい、こうした「ワイドショー一歩手前」のところまで追い込まれてしまっているご家庭があります。

たとえば、お子さんが親御さんに暴力をふるって傷つけていたり、お子さんが自分で自分のことを傷つけ手首を切って「もう死にたい」とつぶやいていたり……。こういった、お子さんたちの一見するとまれにしか見られない「特別な問題」は、決してめずらしくはないのです。どんな平穏なご家庭でも、ちょっとしたきっかけによって大きく崩れ始めていきます。

お子さんが警察のお世話になるようなことをしていたり、カッターで手首を切って保健室の先生に泣きついていたりしていても、親御さんはまったく気づいていない、ということもしばしばあります。

それほどまでに、多くのお子さんたちの心は傷つき、悲しみに溢《あふ》れています。毎日がつらいことばかりのくり返しで、ギリギリのところまで追いつめられてしまっている子どもたちが、日本のいたるところにいるのです。

しかし、お子さんがそんなつらい状態に追い込まれているときに、あなたは母親（父親）として、お子さんに、どんなことを言ってあげることができるでしょうか。

たとえばこんなふうに言った覚えはないでしょうか。

いつまでもぐずぐず泣いているお子さんを見て、「なぁにいつまでも泣いてんのよ、しっかりしなさい」と檄《げき》を飛ばしたことのある方も少なくないでしょう。

けれども、こういったご両親の言葉は、当然悲しむべき悲しみの感情や、傷つきの感情を封じ込め、抑《おさ》え込んでしまいます。そして、心の中に「しこり」となって残ります。それが後の「心の問題」の原因となるのです。

親御さんから見ると、お子さんたちに何かつらいこと——たとえば学校で友だちから仲間はずれにされるなど——があったときに、泣き出したり、体が震《ふる》えていたり、眠れなくなったり、食欲がなくなったり……こういったことは、いつもとは少し違う「ちょっとしたこと」「些細《ささい》なこと」に見えるかもしれません。

けれど、そんなときに、親御さんが何を言うか、お子さんたちはよーく見ています。

自分がつらくてたまらないときに、親御さんに「もっと勉強しなさい」「しっかりしなさい」のひと言で片づけられ抑え込まれてしまった感情が、数カ月後、あるいは数年後にお子さんの行動の変化として現れることも少なくありません。

たとえば、お子さんが友だちからいじめられていて、ひどくつらい気持ちでいるときに、親から「あなたが、しっかりすればいいのよ。頑張りなさい」のひと言で片づけられてしまったとしましょう。

そこで、悲しみや傷つきを封じ込められてしまったお子さんが、３カ月後に突然、真っ青な顔をして、

「お母さん、私、今日学校に行けない」

「僕もう教室に入れないよ」

などと言い始めることは、少なくないのです。だんだん生活が乱れはじめて、普段は性格の優しかったお子さんが弟や妹のことをなじったり、手を出していじめたりといった行動に出ることもあります。

つまり、お子さんが何かつらいことがあったときや、悲しくなったとき、不安になったとき、

「そのとき、親御さんが、どんな〝言葉〟をどのように言ってあげられるか」

これがお子さんの心にとても大きな影響を及ぼすのです。

ご自分が子どもだったときのことを思い出してみましょう。

何かつらい出来事があったとき、悲しいとき、苦しいとき、そのときに「親から言われたひと言」を案外、今でも覚えているものではないでしょうか。

友だちにいじめられて本当につらくて、勇気を出してお母さんに打ち明けたのに、

「あなたがもっと強くなればいいのよ」

――そんなふうに言われて、「お母さんは何もわかってくれない」と気持ちがふさ

ぎこんでしまったことは、なかったでしょうか。数日間親と話す気持ちすらしなかったと思います。

あなたのお子さんも今、その当時のあなたと同じようなつらい気持ちを抱えています。

いや、今のお子さんたちの方が、これからお話しするように、ずっと厳しい状況に置かれているのです。

そのときあなたが「親として何をどのように言ってあげられるか」

――その〝ひと言〟が、勝負なのです。

この本では、「お子さんの様子がいつもとちょっと違うな」と思ったとき――そのときに、あなたが親御さんとしてうろたえず、バタバタせずに、「お子さんの気持ちの支えとなるひと言」を言えるようになるためには、どうすればいいのかを考えていきたいと思います。

お子さんに何かつらい出来事があって悲しいとき、「いつもとちょっと違った表情」をしているとき、そのときに「親が言うひと言」、それがお子さんたちの心を救えるかどうかの大きな決め手となるのです。
　お子さんのつらい気持ちに寄り添い、まさにお子さんの気持ちにピタッとくるような、そんな「支え」となる〝ひと言〟を言うことができる――この本は、あなたがそんな「プロの親」になるためのヒントが満載の本です。

諸富祥彦

目次

「子どもにどう言えばいいか」
わからない時に読む本

はじめに　4

第1章 傷ついた子どもに言葉をかけるとき　21

基本的な心がまえ

●子どもの世界には、「傷つき」や「つまずき」の危険がいっぱい　22
●お子さんの発する、心のSOSサインの例　27
●つらい気持ちや悩みを言葉で伝える〈言語化〉　30
●突然、学校に行かなくなる、下の子をいじめる…〈行動化〉　34
●頭が痛い、お腹が痛い…それは仮病ではなく、つらい気持ちの表れです〈症状化〉　37
●SOSサインへの対処の基本　41
●子育てでいちばん大切なのは、「親自身の心が安定していること」　44
●傷ついたお子さんを見て、親が不安になるのは、あたりまえ　47

目次

・人生で2番目に大変なのが「子育て」です 50
・「私がしていることは虐待かも…」と思ったことはありますか？ 51
・「きちんと子育てしなくていい」のです 53
・親の「言うこと」以上に影響を与える、親が実際に「していること」 54
・「いっしょに分かちあう」ことを忘れないでください 57
・親がつい、やってしまう失敗パターン 59

第2章
子育てには3段階でギアチェンジが必要です
「0〜6歳」「6〜10歳」「11〜28歳」という3つのステージ 63

・子育てにある、3つのステージ 64

●「どうしてこんなことするの⁉」2～3歳の第一反抗期はたいへん　70
●「3歳まで」と「小5～高1」時期の心のケア　72
●親として言ってはいけない、7つの言葉　75
●言葉をかけるよりも、「聴く」ことが大切なとき〈傾聴のコツ〉　81

第3章 幼児期から大切にしたい子どものこころの受け止め方

「心の土台づくり期」だからこそ、愛情たっぷりに

91

［男の子がイライラして、モノに当たっているときは？］　92

［何かとても「ショッキングなこと」があったときは、「大丈夫だよ。いつも側《そば》にいるからね」と安心感を与えましょう］　97

妹や弟をいじめてしまうのには、理由があります。
上の子とお母さん、二人きりで遊ぶ時間を作ってください 105

一人っ子のお子さんに
「どうしてきょうだいがいないの？」と言われたら… 110

のんびりタイプの子に、「やる気」を出させるには、
どう言えばいい？ 114

第4章 悩みを抱えている「小学生・中学生」にどんな言葉をかけますか

「しつけ期」「自分づくり期」の〝自然回復エネルギー〟を活性化させましょう 117

いじめられたら、すぐに担任に相談を。
親は「私は絶対にあなたを守る」と安心感を与えましょう 118

どうやら、うちの子が「いじめ」をしているみたい。
そんなときは？ 126

子どもが学校に行っていません。
どうしたらいいですか？ 129

いつも「ひとりぼっち」でいる子に必要なのは、
心配よりも「ひとりでいる価値」を教えること 140

「うちの子は頑張っているのに、いい点数がとれません」。

さて、どうしましょう？ 146

「第1志望校」に落ちた子には「あなたにとって
一番いい学校に受かることになっているんだよ」と伝えましょう 151

「先生に叱られて落ち込んでいる」なら、
こんなひと言を 154

「勉強や宿題をしない子」に、
どう言えば勉強させることができますか？ 158

目次

「習い事」を始めても、すぐにやめたがる子への3つのアドバイス　163
いつも「ネットやゲーム、マンガ」ばかりしている子とのルール作りのコツ　165
「両親のけんか」を目にして、暗い気持ちになっているお子さんへの言葉　168
「親が薦める進路」は、本当に子どもを思ってのことなのか、じつは親のエゴなのか…考えてみましょう　171
離婚をするとき、子どもに必ず伝えなくてはいけないことがあります　173
親を事故（病気）で亡くしたとき、言ってあげたい言葉、絶対に言ってはいけない言葉　177

第5章 思春期特有の悩みを持つお子さんにかけたい「このひと言」

学校の先生とうまく協力していく秘訣はこれだ！　189

【ＬＩＮＥに悪口を書き込まれたお子さんを催眠状態から解くコツ】　190

【「大事な試合」に失敗してしまったら、まずは一緒に悔しがってあげること】　194

【恋をして悩んでいる様子のお子さんには、恋愛の素晴らしさを語ってあげてください】　197

【暗い顔ばかりしている子に、「もっと元気を出しなさい」はＮＧです】　201

無理なダイエットをしようとしている子に伝えてほしいこと　205
万引きをしてしまう子の2つの心理　207
何を話しかけても「別に」「それで？」「特にない」としか言いません。どうすればいいですか？　210
おわりに　214

カバー&本文イラスト　江頭路子
本文デザイン　浦郷和美
本文組版　森の印刷屋

第1章

傷ついた子どもに言葉をかけるとき

基本的な心がまえ

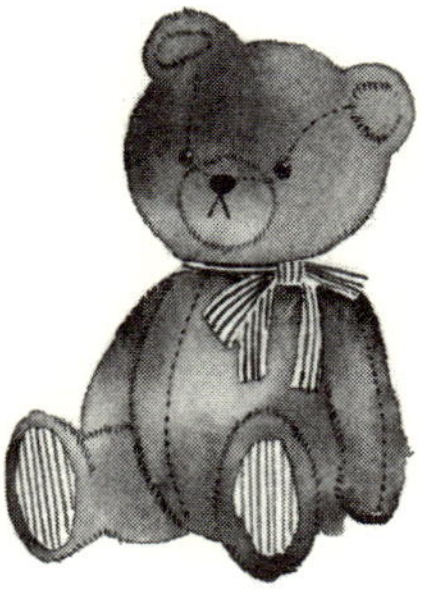

子どもの世界には、「傷つき」や「つまずき」の危険がいっぱい

子どもたちの世界には親御さんの目から見ている以上に、傷つきや悲しみの機会がたくさんあります。

その多くは親からしてみると、「まぁ子どものときには、いろいろあるよな」というぐらいに受け取ってしまいがちなことばかりです。

ご自分が子どもだった頃のことを思い出してみましょう。

「友だちから、仲間はずれにされた」
「友だちから、いやなことを言われた」
「先生に、わかってもらえなかった」
「お父さんやお母さんに、自分の気持ちを全然理解してもらえなかった」……。

そうした「ちょっとしたこと」でひどく傷ついて、心が折れてしまったことがたくさんあったのではないでしょうか。

そして、一晩眠れば忘れてしまえるようなこともあれば、1週間、2週間、3週間と、心の傷や悲しみを引きずっていたことも一度や二度はあったはずです。

お子さんたちの世界には、そんなつらい出来事が私たち大人が思う以上にたくさん待ち受けています。

中でも、最もつらく苦しい出来事は、友だちとのトラブルや、「仲間はずれ」の体験です。お子さんたちは「どうやったら友だちに嫌われないか」「どうやったら仲間はずれにされないか」に常に気をつかい続けています。

小学校4年生から高校生ぐらいのお子さんたち、特に女の子にとって、学校はいわば「戦場」です。

いつ仲間はずれにされるか、内心ビクビクドキドキ脅《おび》えた気持ちで学校に通っている子どもが少なくありません。

大学生だってそうです。「どうやったら友だちに嫌われないか」——ずっとそのことに気をつかい続けて生きています。

最近の若者はかつてのように、車に乗ったり、クリスマスだからといって高級なホテルを予約したりといったことに「お金を使わない」と言われています。

けれども、大学生を持つ親御さんからすると、案外、お金がかかるものだと感じているはずです。最近の大学生は、ケータイ・スマホ代や友だちとの飲み代など、「友だちと関係を維持するため」には、お金を惜しまず使う傾向があるのです。

「友だちから、仲間はずれにされない関係の維持」――そのことに子どもも若者も多大な時間とエネルギーを費やしています。

そんな子どもたちの世界にこの十数年に起きた最大の出来事は、ネットやケータイ・スマホ、ＬＩＮＥといった電子メディアの登場です。

不登校の原因の半分近くが、ネットやケータイ・スマホなどの電子系メディアを通じての、友だちからの心ないひと言がきっかけになっていると言われています。

友だち関係だけではありません。「授業についていけない」「体育の授業で恥ずかしい思いをしてしまった」「家庭での親御さんとのトラブル」など、つらく悲しい出来事は、いくつでもあります。

親御さんとして振り返ってみていただきたいのは、お子さんが、そのつらく苦しい気持ちを打ち明けてくれているか、ということです。

私が今思い出すのは、いじめにあっていたある中学校1年生の男の子の話です。お話を聞くと、とてもいいご家庭のようです。経済的にも安定していて、お父様も高い社会的地位についていらっしゃいます。お母様も愛情深い方です。その男の子は「うちの家は、笑顔いっぱいの家庭なのだ」と言います。

でも、その子は、こう言うのです。

お子さん「僕、いじめられていることをお父さんにも、お母さんにも言えないんです」

私「そうか……いじめられていることをご両親に言えない……それは、つらいね。でも、どうしてだろう?」

お子さん「うちの家庭は笑顔でいっぱいなんです。だから、親に言えないんです……」

私「え? 笑顔いっぱいなのに言えないの?」

お子さん「うちは、家族みんなやさしくて、いつも笑顔であふれているんです。

でも、そんな中で僕が、実は、学校でいじめられていることが知られてしまうと、あの雰囲気をこわしてしまう……。それが怖いんです。

僕も、うちの雰囲気が、好きなんです。なのでそれを壊してしまいたくない。だから僕はいじめられていることは誰にも言わないでいようと思っているんです」

私「そうか、君もつらいな……。これからどうしていくか、いっしょに考えていこうね」

このご家庭の親御さんは、我が家は何の問題もないと思い込んでいらっしゃると思います。けれども、親御さんが気づかないうちに、お子さんはひとり、いじめに耐え続けているのです。

お子さんたちの多くは、本当に「いい子」です。そして**「いい子」であるがゆえに、「親を悲しませたくない」という気持ちが強いのです。**

子どもはいつも、「親を悲しませたくない」「親に喜んでもらいたい」と思っている存在です。そのために常に気をつかって、「自分の苦しいこと」「悲しいこと」を心の奥底に押し込んでしまうのです。

けれども、どうでしょう。こんな「いい子」がある日突然、「お父さん、お母さん、ありがとう。先に天国に行くのを許してください。実は僕、いじめられていたんです」といった内容の遺書を書き残して亡くなっていったとしたら……。

ご両親はとてつもなく深い悲しみと苦しみに襲われることでしょう。

この本は、そんな「いい子」が**お母さんやお父さんに気をつかって心を閉ざしてしまわずにすむ方法を考えていく本**です。お子さんに、こんなひと言を言ってくだされば、心を閉ざさずにすみますよ、お子さんと心の絆を保つことができますよ——そういった「お子さんの心を支える言葉」について、具体的な例をあげながら、いっしょに考えていきたいと思います。

お子さんの発する、心のSOSサインの例

子どもたちは、非常にさまざまな形で傷つきや悲しみ、さみしさのサインを出しています。友だち関係での悩みや、勉強の苦しみについて、実は、いろいろな形でSO

Sサインを発信しているのです。

子どものSOSサインの出し方には、基本的な法則があります。

次ページの図をご覧になってください。これはお子さんたちが自分のつらさや、苦しさなどをどのような仕方で表現していくか、その基本的なパターンを示しています。

ポイントは、お子さんたちの心のSOSサインは、「言語化↓行動化↓症状化」という順で重くなっていくということです。

まず、言語化のレベルのSOSサイン。これは「僕は（私は）、○○したくないよ」「○○がつらいよ」「悲しいよ」と、自分の気持ちを言葉で語ってくれるSOSサインです。これが3つの中では、いちばん軽いレベルです。お子さんが自分のつらさや悩みを言葉にできなくなると（言語化できないと）、行動化（行動で表す）、さらに行動でも表せなくなると、心身の「症状」として現れるようになっていくのです（症状化）。

この「言語化」↓「行動化」↓「症状化」というプロセスを是非おぼえてください。それによって、お子さんが今、どの形で自分の気持ちを表現しているかわかるからです。

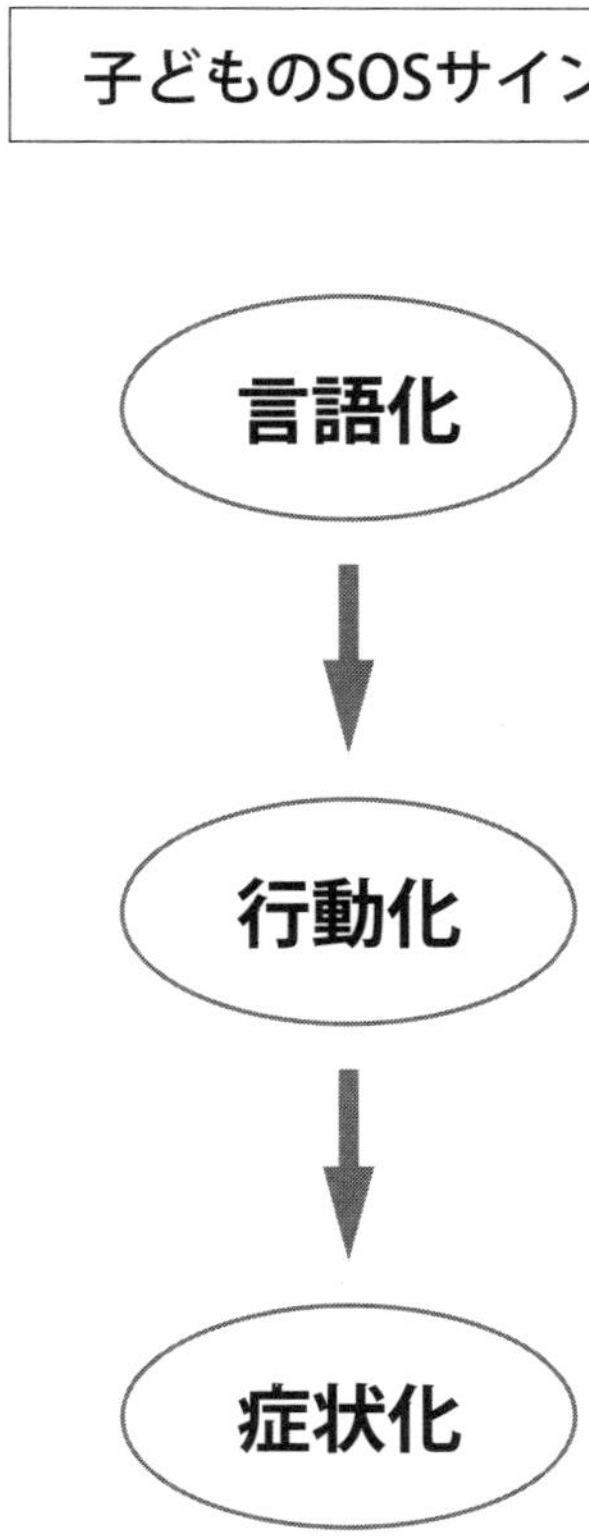
子どものSOSサイン
言語化
行動化
症状化

つらい気持ちや悩みを言葉で伝える〈言語化〉

1つずつ説明しましょう。まず「言語化」は、「もう、学校に行きたくない」「死んでしまいたい」「僕なんて生きている意味がない」などと、自分の悩みを言葉で表現している状態です。

お子さんから「もう、死んでしまいたい」などという言葉を聞かされると、親御さんとしてはとてもショックですよね。

けれども、親御さんにお子さんが自分のつらい気持ちを言葉で打ち明けてくれるということは、お子さんとの間に信頼関係が築かれている、ということでもあります。

SOSを出す方法は、お子さんの年齢によっても違います。

まだ2～3歳のお子さんには、自分の気持ちを言葉で表現するのはなかなか難しいものです。

もしお子さんが何だかつらそうなのに、つらい気持ちを自分の中にしまい込んでし

まっている感じがしたら、

「○○くん、どうしちゃったかな?」「どんな気持ちかなぁ?」と声をかけて、お子さんが自分の気持ちを言葉にするのを手助けしてあげましょう。

①お子さんが、つらそうにしていて、でも、「言葉にできない感じ」がするときは、「どうしちゃったかな?」と声をかけて、気持ちを言葉にするのを手助けしてあげる

②「○○○な気持ちなのかな?」と、お子さんの気持ちにピタッとくるひと言を推測して親御さんが声をかけてあげる

そうすると、お子さんは「お母さん(お父さん)は、僕(私)の気持ち、わかってくれようとしている!」と思って、もっと気持ちを語ってくれるかもしれません。

お子さんがつらいことや苦しいことを言えているのは、親子の間に信頼関係が築かれている証拠です。親子関係が良好であるサインと考えていいのです。

「つらいよ」
「悲しいよ」
「死んでしまいたい」
「僕なんか、もういないほうがいいのかもしれない」

お子さんがこういう言葉を言ってくれたら、決して拒まないでください。せっかく勇気を出して気持ちを話してくれたのに、「そんなこと言わないで頑張りなさい」などと言われると、二度と気持ちを語ってくれなくなるかもしれません。

お子さんが悩みを言葉にできるのは、非常に素晴らしいことです。まずこのことを頭に入れてください。

また、お子さんから「僕、死んでしまいたい」などという言葉を聞くと、急にオロオロしてしまう親御さんもおられます。不安になる気持ちはわかりますが、お子さんとしては、こんなときこそ、親御さんに「どーんと落ちついた態度」で受け止めてほしいものです。

「えーそうなの？　どうしちゃったの、もう!!」などと、親御さんが泣きわめいてしまうと、お子さんは、ますます不安になってしまいます。「フーッ」と深呼吸でもして、自分の気持ちを落ちつかせましょう。

いちばん大切なのは、親御さん自身が「どーんと、安定した構《かま》え」でいることです。「もう死んでしまいたい」「僕なんて生きている意味がないんだ」などと、気持ちを話してくれたら、

「（少し低めの声で、ゆっくりと、おだやかなやさしい口調で）そうか……今、そういう気持ちなんだね……。ありがとう、よく話してくれたね。どんな気持ちなのか、もう少し、教えてくれるかな」

というように、気持ちを打ち明けてくれたことをねぎらってほしいのです。

お子さんが、自分のつらい出来事、先ほどの例で言うといじめにあっていることなどを親御さんに言うのは、すごく勇気がいることです。

決してうろたえて「いったい、どうしたの!?」などとお子さんを問いつめたりせずにいてください。

これが、いちばん大事なことです。

突然、学校に行かなくなる、下の子をいじめる…〈行動化〉

次に、「行動化」について説明しましょう。

「学校に行きたくないよ」と言っていたわけではないのに、ある日突然、何も言わずに、学校に行かなくなる。ある日から急に、何も言わず、勉強を完全に放棄してしまう。塾の先生にも、ひとりで勝手に「もうやめます」と宣言してしまう。

もう5歳なのに、下の兄弟が生まれた直後から、自分も赤ちゃんみたいなことをし始めてベタベタしてきたり、まだ2歳の弟をいじめたりする……。

これが「行動化」です。

そしてお子さんの「行動化」の背後には、言葉ではうまく表現できない「気持ち」が隠されています。

たとえば、2人の男の子（2歳と5歳）がいるご家庭で、5歳のお兄ちゃんが、時々急に赤ちゃんがえりをしたり、弟をいじめたりし始めたとしましょう。このお兄ちゃんの行動は、「お母さん、弟のことばかりじゃなくて、もっと僕のことを見て」というサインです。

でも、その気持ちをうまく言葉にできないので、いじけてしまって、赤ちゃんがえりをしたり、弟をいじめたりしてしまうのです。

そのときは、お子さんが自分の気持ちを言葉にできるように、手助けしてあげてほしいのです。

「行動化」(例「赤ちゃんがえり」「弟いじめ」)をしている子が、自分で自分の気持ちを言葉にして「お母さん、弟のことばかりじゃなくて、僕のこともかまってよ。僕だってお母さんと2人だけで遊びたいよ。もっとこっちを向いてよ」と言葉で言える(「言語化」できる)ようにしてあげてほしいのです。

妹や弟がいる子の多くが「お父さん、お母さん、僕のことをもっとよく見てよ。もっとかまってよ」と思っています。これを自分で言葉で言えるといいのですが、それは、「なんとなく言いにくい。まだ2歳の弟や妹と張り合うなんて恥ずかしい」という、お子さんなりのプライドも邪魔しているのでしょう。

思春期のお子さんの中には、カッターナイフで手首を切る子が少なくありません。いわゆるリストカットです。

中2のお子さんがリストカットをしているのを目にしたとき、親御さんが「あんた、何バカなことやってんの！」とどなってしまい、お子さんは、ますます激しくリストカットをしてしまう場合があります。「大切にされていない」と感じるからです。

こういうとき、たとえば、

「どうしちゃったのかな？　もしよかったら、何かお話ししてくれると、うれしいな」

こんなふうに、**お子さんの行動の背景にある「気持ち」をいっしょに感じたい、という姿勢で、言葉をかけてみましょう。**

ここでお子さんが「お母さん……実は、私ね」と自分の気持ちを語ってくれたら、それは、大きな前進です。「解決策」は見つからなくてかまいません。お子さんが自分の気持ちを「言葉で表現する」ことによって、お子さんの中にあった「何だかムシャクシャした気持ち」は、少し小さくなっていきます。お子さんの心の中に収まっていって、リストカットそのものの回数も減ってくるかもしれません。リストカットや家出といった「行動化」を起こしているお子さんに必要なのは、「言葉で自分の気持ちを語って、聞いてくれる人がいること」（言語化）なのです。

中には、自分の中の「ムシャクシャした気持ち」を「行動」で表すこともできないお子さんもいます。いわゆる内向的で、気持ちを「ためこんでしまう」タイプのお子さんです。

頭が痛い、お腹が痛い…それは仮病ではなく、つらい気持ちの表れです〈症状化〉

そんなお子さんに生じるのが「症状化」――朝、学校に行く時間になると、自分でもなんだかわけがわからないけれど、突然、「腹痛」「頭痛」がしてきたり、「熱」が出たり、激しい「めまい」や「吐き気」に毎日のように襲われるようになってくるのです。これが「症状化」です。

勘違いしないでいただきたいのは、これらは「仮病ではない」ということです。本当に「めまい」や「吐き気」「頭痛」「腹痛」「発熱」などがしているのです。

よく親御さんは学校に行きたくないから「仮病」を使っているのだろうと考えます。しかし、そうではありません。実際に頭が痛くなったりお腹が痛くなったり、熱が出たりしているのです。本当に頭が痛いし、本当にお腹が痛くなっているのです。実際に測ってみると、熱も本当にあります。

気持ちとからだは本来1つで、切り離すことができません。ムシャクシャした気持ちを無理をして自分の中に抑え込んでいると、それはからだの症状として出てきます。頭が痛い、お腹が痛い、熱が出るという症状として現れてくるのです。

実際に、栃木県鹿沼市の教育委員会が調査をしたところ、小学生で不登校になってしまうお子さんの多くは、その前兆として「頭が痛い」「お腹が痛い」「熱が出た」と言って学校を休んでいました。そのため3日続けて「頭が痛い」「お腹が痛い」と言って病欠したお子さんを「不登校予備群」と考えて、教育相談の先生が家庭訪問するようにしたところ、小学生の不登校の発生率が数年で一気に4割も減った(!)というのです。

お子さんが「お腹が痛い」「頭が痛い」「吐き気がする」……といって、ポツポツと

SOSサインの例

- 爪噛みをする
- 指しゃぶりをする
- 「もう限界」「疲れた」と言い始める
- 夜眠れなくなることが多くなる
- 皮膚をかき始める
- 円形脱毛症が見られる
- 時々、おなかや頭が痛くなる。熱が出る
- どんよりした顔をしている
- 口数が減る

学校を休み始めたら、「学校に行きたくない心のSOSのサイン」と受け止めましょう。学校で何かつらいことを抱えているサインであることが多いのです。

お子さんが「頭が痛い」「お腹が痛い」といって学校を休むとき、実は、友だちとトラブルが起きているのかもしれません。「学校はつらいから行きたくない」とその症状は語っているのです。

あるいは、お母さんやお父さんが、妹や弟の面倒ばかり見ていて自分のことをまったく見てくれないため、「こっちを見てほしい。僕をもっとかまってほしい」というサインとして、頭痛や腹痛は起きているのかもしれません。「もう学校に行っても全然勉強がわからないから行きたくない」といったサインかもしれません。

「発熱」「腹痛」「頭痛」といった「症状」を、こうしたお子さんの「心の訴え」であると考えてみてください。

ではなぜ、お子さんは自分のつらい気持ちを言葉にすることができないのでしょうか。それは、言っても親御さんがあまりわかってくれないように思えるからです。

「もっと僕（私）のことをわかってほしい。実は、つらいんだ……」

こんな気持ちを親御さんにわかってもらう「最後の手段」が「頭痛」や「発熱」なのです。

お子さんの「頭が痛い」「お腹が痛い」という症状は、実は、単なる「からだの病気」ではなくて、「つらい心の叫び」かもしれません。そんなふうに、お子さんの「からだの症状」を見てみてください。

頭痛や腹痛といった「からだの症状」は、お子さんの「つらい気持ち」を親御さんが理解するための「心の窓」の1つなのです。

SOSサインへの対処の基本

お子さんの「お腹が痛い」「頭が痛い」という「症状」や、「突然弟や妹をいじめるようになった」といった「行動」は、お子さんのつらい気持ちの表れではないかと考えてみてください、と申し上げました。

では、そんなとき、親御さんとしては、どうすればいいのでしょうか。

お子さんが自分の気持ちを言葉にしていく、その手助けとなるような言葉を投げかけてみてほしいのです。

「どうしたかなぁ？　何か最近、学校でつらいことがあったのかな？　それで今日は学校に行きたくなくなっちゃったのかな？」

「なんか最近、友だちとうまくいかなかったのかな？」

「○○くんの心の中で、〝イライラ虫〟が暴れはじめちゃったかな？」と、「イライラ虫」といった〝たとえ〟を用いて、言葉がけをするのもいいでしょう。

こんなふうに、お子さんの気持ちを推測して言葉にしてあげましょう。

どんな言葉をかけたらいいかわからないときは、お子さんが自分で言葉にしやすいように、言葉がけをしてあげるといいでしょう。

「うーん、なんか最近調子が良くないみたいだね。……何かお話ししてくれるとうれしいな」

そう問いかけて、お子さんが何か語り始めるまで、しばらく、落ち着いた雰囲気で「待って」いましょう。

親御さんが、「どうしちゃったかな?」と問いかけても、お子さんが「特にない」「別に……」などと言って、そっぽを向いてしまうことも少なくありません。

こんなとき、「何よ、その態度は! はっきり言いなさい。自分の気持ちぐらい」などと親御さんが言ってしまうと、すべてがパーになってしまいます。

お子さんの方としては「やっぱりこの親はわかってくれない」と思って、ますます何も話してくれなくなります。

いちばん大切なのは、お子さんのつらい気持ちに「寄り添うこと」、そしてお子さん自身が語り始めるのを「待つ」ことです。

お子さんに、自分の気持ちを語ってもらうためには、親御さんが辛抱《しんぼう》強く、「待つこと」、これが、何よりも大切です。

お子さんの気持ちがよくわからないとき、無理に言葉にして的外れな言葉をかけてしまうと、お子さんとしては「なんだこの親、やっぱり何もわかっていない」となります。

本当は親御さんが妹や弟の面倒ばかり見て、自分のことをかまってくれないことがつらくて腹痛や頭痛が出ているのに、「何か学校でつらいことあったかな? 先生に言ってあげようか？　お母さんに言いなさい、先生に言ってあげるから」などと言われたら、お子さんはますます心を閉ざしたくなってしまいます。

原因がよくわからないときには「何かあったのかなぁ？」と言って、話してくるまで気長に「待つ」ことです。

お子さんの気持ちとずれたことを言われるぐらいなら、何も言われないほうがまし、なのです。けれども、だからと言って、親御さんから何の言葉もかけてもらえないと、さみしくていやになってしまいます。

「お母さんにわかってほしい。もっとかまってほしい」＋「けれど、お母さんなんか、もうイイヤ！」――この矛盾した気持ちを絶えず抱えているのが子どもというものなのです。

子育てでいちばん大切なのは、「親自身の心が安定していること」

「子育てで、最も重要な鉄則」――それは、「親御さん自身の心が安定していること」

です。これよりも大事なことは、何ひとつありません。

いじめられたり、友だちから仲間はずれにされたりして、「もう学校に行きたくない」と言って、泣いているお子さんがいます。当然、心は不安定です。

そういうお子さんの様子を見て、お子さん以上に不安定になってしまうお母さん、お父さんが少なくありません。

「僕……実は、いじめられているんだ。今仲間はずれにされているんだ」

こんなふうに勇気をふりしぼって、**お子さんが自分の気持ちを親御さんに伝えたときに、親御さん自身の気持ちが揺れてしまい、「いったい何があったの、マサオー!!」と泣き叫んでしまうお母さんがいます。**

しかし、親御さんにそう言われると、お子さんはますます不安定になってしまいます。「お母さんまで泣かせてしまって、いったい、僕は、どうしたらいいんだよー!!」となってしまうのです。

これは、とてもよくある場面です。お子さんがいじめられているときに親御さんの方がつらくなって、「私、どうしたらいいの……」と泣き崩れてしまう。それを見ているとお子さんの気持ちはますます不安定になってしまいます。

カウンセラーを長年やっていてわかってきたのは、お子さんが学校に行けなくなる大きな理由の1つに、お母さん自身の気持ちの不安定さがあるということです。

こういった場合、私たちは、親と子、両方のカウンセリングをおこないます。親子並行面接と言って、20代の若いカウンセラーが小学生のお子さんの担当になって、プレイセラピー（遊戯療法）をします。遊びを通して自分の気持ちを表現してもらうのです。「箱庭療法」といって、砂の上にミニチュアを並べて気持ちを表現する方法や「コラージュ療法」といって、切り絵、貼り絵をして気持ちを表現する方法もあります。

それと同時並行で、別の部屋で年長のカウンセラーが、お母様、お父様のカウンセリングをするのです。

今、お子さんの心の中で起きていることを、親御さん自身が安定した気持ちで受け止めていく。それが、お子さんにとって非常に大きな意味を持っています。

お子さんに問題が起きているときになぜ、親御さん自身がカウンセリングを受けなくてはいけないのかと、疑問に思われる方もいます。

しかし、カウンセリングを受けることで、「親御さん自身の気持ちが安定する」↓

「お子さんの気持ちも安定する」→「問題の解消につながる」ということは、決して少なくありません。

傷ついたお子さんを見て、親が不安になるのは、あたりまえ

しかし、たとえばお子さんがいじめにあって、「学校(幼稚園)に行きたくない」と言って泣いている……こんな場面を見て、親御さん自身の気持ちが、不安定になってしまうのも、当然のことです。

お子さんがいじめにあって、もう学校に行きたくないと言っているときに、まったく平気な親御さんがいたら、そちらのほうがむしろ不思議なぐらいです。お子さんがいじめられて学校に行かなくなったときに、「いったい、うちの子どもはどうなってしまうんだろう」という気持ちでいっぱいになってしまうのは当然のことです。

そんなとき、親御さん自身のつらい気持ちを、お子さんにぶつけるのではなく、まず大人同士で分かちあいましょう。

たとえば、ご夫婦で、

母「もう本当につらいよね。はらわた煮えくりかえるよね。なんでうちの子どもがこんな目にあわなきゃいけないのよ……」

父「本当そうだよね」

こんなふうに、ご両親で気持ちを分かちあうのです。

学校の先生やスクールカウンセラーに気持ちを話すのもいいでしょう。

今、日本のほぼすべての中学校にスクールカウンセラーが配置されています。私も、その一人です。また、地域の中学校のスクールカウンセラーは同じ学区の小学校の親や子どもの相談も受けていることが少なくありません。

お子さんがまだ小学生なら、同じ学区の中学校のスクールカウンセラーのところに行って話を聴いてもらうといいでしょう。

あるいは、地域によって名称は違いますが、教育センター、教育相談所、教育研究所といった名前のところがあります。

たとえば千葉県には、「子どもと親のサポートセンター」や「○○市教育センター」があります。インターネットで調べればすぐに出てくるでしょう。

そういったところに相談に行くと、専門的なトレーニングを受けたプロのカウンセラーが相談にのってくれます。

しかもそうした公的機関では、無料でカウンセリングを受けることができます。東京都内でプロのカウンセリングを受けると、安くて6千円、高いと1時間で2万円くらいすることもあります。

けれども、地域の教育センターに行くと、プロフェッショナルなトレーニングを受けたカウンセラーが無料でカウンセリングをしてくれるのですから、子育ての悩みがある方は、相談しないともったいないと思います。

あるいは、そうした行政機関が苦手、という方は大学の心理臨床センターで良質のカウンセリングを格安で受けることもできます。たとえば、明治大学心理臨床センター（03−3296−4169）では、インターンのカウンセラーが相談を受けることもあり、1回、3240～5400円で、良質のカウンセリングを受けることができ、お子さん用のプレイセラピー（遊戯療法）もとても充実しています（諸富は、御指名いただいても、担当できませんので、その点はご了承ください）。

いずれにせよ、お子さんが何かの問題にぶつかったとき、まず、親御さん自身のつらい気持ちをカウンセラーや先生、あるいは友人などの、他の方に聞いてもらうことです。まず、親御さん自身の気持ちの安定を大切にされた上でお子さんと接してください。

親御さんの気持ちが波立っていると、お子さんの気持ちはもっと荒れてしまいます。親御さんが落ちついた姿勢でドーンと構えていると、お子さんの気持ちも安定してくるでしょう。

人生で2番目に大変なのが「子育て」です

子育ては本当に大変です。

いろいろな方のカウンセリングをしていて思うのは、人生でいちばん大変なことは親の介護、2番目に大変なのは子育てだということです。

また、「専業主婦」「パートタイマー」「フルタイムで仕事をしている人」の中で、ストレスがダントツに高いのは、専業主婦です。2番目はフルタイムで働いている方。

これはあまりにも忙しいからでしょう。そして、3番目がパートタイマーのお母さん。いちばんバランスがいいんですね。

フルタイムの仕事をしているお母さんにとっていちばん大切なのは、少しでも「自分の自由になる時間」を確保することです。

そのためには、お父さんが少しでもお母さんの代わりに何かをしてあげることです。お母さんが少しでも「自分の時間」を持てるようにすることがお父さんの最大の役割です。

お洗濯、お掃除、お買い物……何でもかまいません。少しでもお母さんが「自分の時間」を持つことができるようにすること。これがフルタイムの仕事をしているお母様にお父様ができる「最大のプレゼント」です。

「私がしていることは虐待かも…」と思ったことはありますか？

子育てのストレスが高いのは、なんと言っても専業主婦のお母さんです。

小さいお子さんを抱えている専業主婦のお母さんは、ひたすら「2人きりの密室状態」になってしまいがちです。専業主婦のお母さんはお子さんによって、完全に「自由」が奪われてしまいます。これが、何よりもストレスの原因になります。

最近、私が受ける子育て相談で最も多いものの1つが、「先生……もしかすると私がやっていることは、虐待なのではないでしょうか?」という相談です。

小さいお子さんは、親御さんの思う通りにならないのが当たり前です。けれど、あまりに思い通りにならないと、ついイライラしてしまって「いったい、何度言ったらわかるのよ!」と、つい手が出てしまいがちです。

こうしたお母さんには責任感の強い方が多く、「ちゃんとした子にしつけなくては」という気持ちがあります。

けれども、「しつけをきちんとしなくては」という気持ちが強すぎるがために、つい、虐待まがいのことをしてしまう。手が出てしまう……。そんな悩みを抱えている方が特に、「優等生タイプのお母さん」に多いのです。

「きちんと子育てしなくていい」のです

多くのお母さんは「きちんと子育てをしなくては」と、すごいプレッシャーを感じています。しかし、それがお子さんに悪影響を与えるのです。

メディアで活躍するタレントママの言葉を聞いていると、「私もちゃんとしつけなくては」「負けてられないわ」と自分で自分にプレッシャーをかけているように感じることがよくあります。その結果、「過剰なしつけ」をしてしまい、お子さんの心を追いつめてしまうのです。

特に、お母様自身がお子さんの頃からずっと「優等生」できた方、親御さんから「お前は、いい子だ」とほめられて育てられて大人になった方が、「母親」としても「優等生でありたい」「いい母親でありたい」という思いから、「過剰なしつけ」でお子さんの心を追い込んでしまいやすい傾向があります。

たとえば、あなたが今、35歳で５歳の子の子育てをしているとしましょう。35歳になっても、まだ「〝いい子育てができている娘〟として、自分の母親に認められたい」という気持ちが強いのです。自分の母親に「あなた、ちゃんと子育てをしているわね。ちゃんとしつけができているわね」と言われたい――そんな思いから、「過剰なしつけ」をおこない、お子さんを追い込んでしまっているお母様が少なくないのです。

親の「言うこと」以上に影響を与える、親が実際に「していること」

カウンセリング・ルームでお子さんたちの話を聴いていると、

「昨日、お母さんにガミガミ当たられちゃってさ……。最近、仕事うまくいってないみたいでさ。でも、子どもに当たるのは、やめてほしいよな」

などと愚痴をこぼすことがよくあります。

「お母さんに厳しく叱られたから、僕、反省しているんだ……」

こんなことを言う子は、まず、いません（笑）。

お子さんは、親御さんの「言うこと」よりも「実際に、していること（行動）」をよく見ているものです。

先日も、ある中1の男の子がこう言っていました。

「お母さんは毎朝、僕が学校に行く前に、ゆっくり着替えていると、『早くしなさい！　何グズグズしてるの！　遅刻しちゃうわよ』って言うけど……この前、家族みんなで食事に行くことになったとき、お母さんだけがいつまでたってもお化粧していて……それで、お店についたらもう、お店は閉まってたんだ」

お母さんについてのお子さんの不満で多いのは、「お化粧時間の長さ」です。いつも「早くしなさい。何、グズグズしてるの！」と言われているので余計に頭にくるのです。こうした親の「言動不一致」に子どもは敏感なものです。

信用は台無しですね。

お父さんについてのお子さんの話で多いのは、「会社の愚痴」です。

「お父さんは『人の悪口は言わないように』っていつも僕に言ってるけど、毎日、ビール飲みながら、お母さんに『うちの部長がさ……』とかって、会社の人の悪口をよく言っている。自分は悪口好きなくせに、僕が悪口言ったら、怒るんだ……」

こうしたことの積み重ねで、「親の信頼」は失墜してしまうのです。

お子さんは、親御さんの「していること」を、よーく見ています。お子さんにしてみれば「自分が親から言われていること」と「親が実際にしていること」が大きくくい違っていると、信頼を失ってしまいますね。

では、どうすればいいのでしょうか。

お子さんを「子ども扱い」するのをやめて「大人扱い」するのが、成長の近道です。

「お母さん、お化粧どうしても時間かかっちゃうんだよね。ごめんね、待たせちゃって……。でも、できるだけ、早くできるように頑張るからね」

「お父さん、仕事でつらいことがあったから、愚痴こぼしたくなっちゃうんだ。……ヨシアキも、学校で、つらいことあったら、ためずに言っていいんだよ」

こんなふうに、大人同士のような感じで、そのままをお話をするのです。

いつまでも「子ども扱い」されるお子さんは、子どものまま、成長がとまります。

お子さんをできるだけ「大人扱い」しましょう。

「大人扱い」されたお子さんは、「自分は信頼されている」「その気持ちに応えなきゃ」と思って早く成長し、「大人」になっていきます。「人間としての成長」が早まるのです。

「いっしょに分かちあう」ことを忘れないでください

人生には、つらいこと、悲しいことがたくさんあります。大人でも子どもでも、それは変わりません。

たとえば、ご自分の親御さんが亡くなった。急に病気になった。そういうショックなときに、その気持ちを大人同士、ご夫婦で分かちあうことが大切です。

お子さんのつらい気持ち、悲しい気持ちも同じです。お子さんと親御さんとでたくさん話をして、分かちあいましょう。たくさん話を聴いてあげましょう。

「頑張ろう」「頑張ろう」と日本人は考えすぎです。

悲しいこと、つらいことがあっても、そういう気持ちは押し殺して、頑張らなきゃいけない。悲しいことがあっても、悲しんではいけない。つらいことがあっても、つらいと思っちゃいけない。そういう気持ちは全部自分の中に押し込んで、がまんしなくてはいけないのだと考えすぎるところが、日本人にはあります。

もっとつらい気持ち、悲しい気持ちや苦しい気持ちをお互いに語りあい、聴きあい、分かちあっていきましょう。

たとえば大震災関連のニュースをテレビを見ていて（母）「なんだかつらい気持ちになっちゃうね。本当に悲しいね」（娘）「そうだね、私も悲しい……」こんな会話を親子でいつもおこなっていれば、お子さんは「あぁ、悲しいときは、悲しんでいいんだ」と思えます。

「悲しいときは悲しんでいいんだよ。苦しいときには、苦しんでいいんだよ。つらいときには、つらいって言っていいんだよ」

このことを、ぜひ、お子さんに伝えていきましょう。言葉だけでなく、実際に、つらい気持ちを語りあうことで、それを伝えていきましょう。

「弱音を吐いてもいいんだよ」

そう伝えてほしいのです。

親がつい、やってしまう失敗パターン

「お父さん、お母さんには、もういやだ。話すの、やめた」

カウンセリング・ルームでしばしば聞く言葉です。

お子さんからこんな言葉を聞くと、多くの親御さんは、お子さんにこう言います。

「なんで、そう思うの⁉」

こんなふうに**「なんで」「どうして」**と**「理由」を問われると、お子さんは、自分が責められたように感じて、心を閉ざしてしまいます。**

こんなとき、私たちカウンセラーは、

「そうか。もう、いやか……。そう思っちゃうこと、何か、あったのかな？」

こんなふうに声をかけます。

これなら、ご家庭でも、できるでしょう。

善悪の評価をしないで、お子さんの今の気持ちをそのまま、受け止めるのです。

お子さんの気持ちを聴く基本姿勢の1つは、「不思善悪」です。善悪の評価をせず、善し悪しはいったん（　）に入れて、気持ちをただそのまま受け止めることです。「お子さんの気持ちを理解したい」……そう思った親御さんはよく「何でも、話してね」と言います。ここまでは、いいのです。

問題は、それに対して**「お子さんが言った言葉」に、親御さんがどう返すか**です。

お子さんの気持ちを聴いた後に、親御さんが「ついやってしまう、失敗の基本パターン」があります。

「お父さんが、『何でもいいから言いなさい』って言うから、僕は、『こんどの担任の先生、宿題多すぎるからいやだ』って言ったんだ……。そうしたら、お父さん、『それはおまえ、わがままだろう！　もっと頑張んなきゃ』って、説教されちゃった……。もう、お父さんの言うことは信じられない。お父さんに話すの、やめた……」

「お母さんに、『何でも、困ったことがあったら、相談するのよ』と言われたから、友だちとけんかしちゃったことを相談したんだ。そうしたら、『そんなことくらい、自分で考えなさい！』って言われちゃって……。もう二度とお母さんに相談なんかしないと思った」

こうなると、お子さんは、心を閉ざしてしまいます。

では、どうするか。

お子さん「こんどの担任の先生、宿題多すぎるからいやだ」
お父さん「そっか、そんなに宿題多いんだ。……たいへんだな」

お子さん「○○くんと、けんかしちゃったんだ……」
お母さん「そっか……○○くんと、仲良しだったもんね。……それはつらいね」

こんなふうに、お子さんの気持ちを「ただそのまま受け止める」だけでいいのです。
それがいちばん、お子さんの「自然回復パワー」の活性化につながっていきます。

第2章

子育てには3段階でギアチェンジが必要です

「0〜6歳」「6〜10歳」「11〜28歳」という3つのステージ

子育てにある、3つのステージ

私は子育てを3段階で考えています。

①0歳〜6歳の「心の土台づくり期」、②6歳〜10歳の「しつけ期」、③11歳〜28歳の「自分づくり期」の3段階です。

①の「心の土台づくり期」（0歳〜6歳）は、とにかく、親御さんがひたすら愛情を注ぐことが大切な時期です。そのため「ラブラブ期」とも呼ばれています。

②の「しつけ期」（6歳〜10歳）は、社会的なルールやマナーを学ばせる時期です。そして、③の「自分づくり期」（11歳〜28歳）になると、親御さんは一歩下がって「見守る」時期です。お子さんが親御さんによってつくられた「古い自分」を一度壊して、「新しい自分」と自分自身でつくり直していく。それを親御さんが「見守っていく」時期です。

大切なことの1つは、**子育ての「ギアチェンジ」を間違えない**ことです。

ありがちなのが、13歳、14歳になって「自分づくり期」に入っているのに、「しつけ期」と同じようにガミガミガミガミ叱り続けてしまうことです。

これでは、お子さんは「自分づくり」という発達課題に取りくみたくても取りくめないため、どんどん追い込まれてしまいます。「なんで気持ちをわかってくれないんだ!!」となってしまうのです。大きな反抗に出てしまうこともあります。

高校生ぐらいのお子さんが親御さんを刃物で刺した、という事件をニュースで目にすることがあります。そういった事例のほとんどがこの「子育てのギアチェンジ」をしなかったがために起きてしまったものです。

中学生、高校生になっても小学生のときと同じように、ガミガミガミガミ上から目線でものを言い続けられると、お子さんとしては、「自分づくり」という課題をしなければいけないのに、それを抑え込まれてしまい、「この親といっしょにいるとおれはダメになってしまう」という危機感に襲われて、そういった行動に出てしまうのです。

③の「自分づくり期」に親と子で言い合いになったときに大切なのは、「カーッとなったら、ひと呼吸おく。そして、親のほうから一歩引くこと」です。たとえば、

子ども「クソババア！」

母親「なに、このクソガキ！」

とやりあってしまうと、どんどんヒートアップしていきます。これでは、子どものほうとしても「引くに引けない状態」になってしまいます。中学生くらいの「反抗期」はこうやって激しくなっていくのです。

こんなとき、たとえば親はカーッとなったらトイレに入って5分ほど気持ちを落ちつける。数を数えながら深呼吸する。そして気持ちが落ちついたら、子どもに語りかけるようにするのです。これだけで、だいぶ反抗期はおさまっていくはずです。

もう1つ、忘れてはいけないのは、6歳までは「自分の心の土台をつくる時期」であるということです。

この時期は、しつけ以上に、とにかく愛情を注ぎ続けることが重要です。つまりこの時期は、ある意味、しつけは2番目でいいのです。

もちろん人間として最低限のルールは身につけさせるべきです。しかし、それ以上に大切なのは「私は愛されている。私はこの世界に歓迎されている」とお子さんが感じられる子育てをすることです。

6歳までの子育ての最重要ポイントは、とにかく愛情を注ぐことです。特に重要なのは、タッチング（身体同士を触れあわせること）です。

ペタペタペタペタ、ギュッ♥　チュッ♥

ペタペタペタペタ、ギュッ♥　チュッ♥

6歳までの子育てでいちばん大切なことはペタペタ触って、ギュッと抱きしめて、チュッ（キス）すること。

そしてそれに言葉を添えて、「愛してるよ～♥」「世界でいちばん大事だよ～♥」とあたたかい包むような声でささやいてあげることです。

とにかく愛情を注ぐのがいちばん。「私はこの世界で歓迎されているんだ」「私は愛されるに値する人間なんだ」という肯定的な自己イメージを心に育んでいくのです。

6歳までの子育てで、いちばんやってしまいがちな失敗は、「過剰なしつけ」です。

電車などで「もういったい何してんの！　みんなの前で恥ずかしいでしょ！」と、すごく大きな声で叱りとばしている親御さんの姿を目にすることがあります。先日は、公園でお母さんが「いったい何してんの！　いいかげんにしなさい！」と言いながら、つまさきでお子さんの顎《あご》を蹴り上げているシーンを目にしました。

こういうことがくり返されると、親御さんは「しつけ」をしているつもりでも、お子さんは「僕（私）は愛されていないんだ」「僕（私）は、いてもいなくてもいい、価値のない存在なんだ」と感じて、自己否定的になり、「心の折れやすい人間」になってしまいます。

この「生きることに対する肯定的感覚」が後の人生で「何かつらいこと」「大変なこと」に直面したときに、「でも大丈夫」「もうちょっと、がんばろう」と思える「心の回復力＝立ち直り力」（レジリエンス）になっていくのです。

いわゆる「折れない心」の種は、６歳までに「自分や人生への肯定的感覚」をどれほど味わえるかにかかっているのです。

逆に、この時期に「人生への肯定的感覚」が育っていないと、大人になって仕事の失敗や家族とのもめごとなど、何か困難なことに直面した時、心がポキンと折れて、

「もうダメ」となってしまいやすいのです。

そして小学生になり、②の「しつけ期」に入ると今度は、子どもの「社会性」を身につけさせる段階です。

この段階では、「約束を守る」「相手の身になる」など「人間関係のルールを学ばせる」ことや「集団やチームの一員として役に立つことの喜び」を学ばせることが大切になります。「チーム」や「集団」にどんどん参加させて、「自分もこのチームの役に立っているんだな」と「達成感」や「貢献感」を味わえる機会をつくっていきましょう。「社会性」が育っていくのが、この段階の最も重要な課題です。

子育ての「3つのステージ」

1 心の土台づくり期 0〜6歳

2 しつけ期 6〜10歳

3 自分づくり期 11〜28歳

「どうしてこんなことするの⁉」2〜3歳の第一反抗期はたいへん

お子さんがいちばん親の思うようにならないのは、２歳から3歳の第一反抗期です。親御さんとしては「どうして、こんなことするのぉ！」と言いたくなることを、次から次へとしでかしてくれます。親御さんとしては、たまったものではありません。「もう、なんでまた泣くのよぉ！」とカーッとなったり、「あんたなんか、産まなければ良かった」などと、ひどい言葉を口にして、ビンタをしてしまったり……。

この時期、お母さま自身が自分のストレスを上手に発散できることがきわめて重要になってきます。

では、自分のイライラがピークに達してしまったときは、どうすればいいか。できる限り、お子さんから離れ、距離をとることです。

５分から10分ぐらいだったらお子さんが泣いていても、放っておいて大丈夫です。

お子さんの近くにいたら、イライラしてしまいます。このままではきつい言葉を言ったり、手を出してしまいそうな感じになったら、とにかく、短い間でもその場を離れましょう。まず、お子さんを安全な場所に置いて（ここが重要です）、安全を確認した上で、トイレに逃げ込みましょう。

トイレに逃げ込んで、5分、10分、思いっきり泣きましょう。「なんでうまくいかないのよーっ!!」と声をあげて叫びましょう。

どんなにつらくても歯を食いしばって子育てをし続けなければならない、それが母親としての責任だと思って気持ちをためこんでしまうと、限界に達したときに、ついカーッとなって手を出してしまうのです。まずは、トイレに逃げ込んで、「どうしてなのよーっ!!」と叫ぶ。これがストレス発散になります。

2番目におすすめなのは――『クレヨンしんちゃん』のネネちゃんのお母さんのように――クッションやぬいぐるみをパンチングボールにして思いっきりパンチをすることです。お子さんに手を出してしまわないようにするためにも、何か代わりに、クッションなどパンチをしていいものを準備しておきましょう。

3つ目は——これはトイレでひとりでやってもいいし、お子さんといっしょにやってもかまいません——「紙をちぎって叫ぶ」方法です。「ケーッ」「カーッ」と大きな声で何回も叫びながら、紙をちぎってみましょう。ストレス解消になります。

他にも、アロマスティックをかいで、気分を変えるのもいいですね。アロマの中でも特に、ミント系が一気にスーッと気分を切り替えることができて、お勧めです。

「3歳まで」と「小5〜高1」時期の心のケア

そういう短期的なストレス解消では無理、子育てをしているとずっとストレスがたまりっぱなしです、というお母さんもいらっしゃいます。

そういうお母さんに私は、「できれば6歳ぐらいまでは専業主婦はやめて、パートでもいいので仕事に出ましょう」と申し上げています。

「3歳児神話」と言って「3歳までは自分の手で育てるのがいい。保育園に預けるなんてかわいそう」という考えがあります。しかし、それを立証するデータはほとんどないのです。

3歳までの子育てでいちばん大切なのは、「心が安定した大人が常にそばにいて、愛を注いで育てること」です。

この時期は「心の土台を育てる時期」で、きわめて重要です。

その「心の土台づくり期」の、0歳～3歳までの時期に、いつもイライラカリカリしている大人がそばにいることほど、お子さんの心にとって有害なことはありません。

もちろん、ベストなのは愛情豊かなお母さんお父さんが、いつも心が安定した状態でずっと子育てすることです。

「私は、24時間子どもと接していてもイライラカリカリすることなんて、まったくありません。本当にしあわせいっぱい」といつも心がおだやかでいられるのであれば、お母さまお父さまがずっとつきっきりで子育てするのがベストだと思います。

しかし、今の若いお母さま方に、そういう方はほとんどいません。あなただけではありません。24時間ずっとお子さんに拘束されているとイライラして仕方ないのは、当然です。自由が奪われて苦しくなるのは、当たり前です。

決して、自分を責める必要はありません。

そのイライラがたまって、お子さんについ手を出してしまう前に、パートでもいいので仕事をはじめて、子育ての時間を減らしましょう。

「1日5時間の子育て」ならば、安定した気持ちで笑顔でお子さんと接することができるのなら、すぐにフルタイムの仕事に就きましょう。「1日5時間の子育て」に集中して、愛をいっぱい注ぐのです。1日5時間だけならお子さんと笑顔で接することができるのであれば、あなたは「1日5時間子育て」のスタイルが合っているのです。

重要なのは、お子さんといっしょにいる「時間の長さ」ではありません。「自分は、どれぐらいの時間だったら、安定した気持ちで、笑顔いっぱいでお子さんと接することができるか」――これを考えた上で、どんなスタイルで子育てをするのが自分に合っているかを決めることです。

逆に、働いているお母さんが、できれば仕事をはやめに切り上げて、**お子さんが帰宅する頃に、家にいてあげてほしいのが、小5から高1の時期**です。この時期に、お子さんの心はいちばん不安定になります。

できればお子さんが学校から帰ってきたときに、お母さんがそばにいてあげられるといいですね。

親として言ってはいけない、７つの言葉

お子さんに何かつらいことがあってへこんでいるとき、親御さんはつい、こんなことを言ってしまいがちです。


「あなたが、がまんすればすむことでしょ」

「そんなこと、気にしなければいいでしょう」

「あなたが、もっと強くなればいいのよ」

「そんなこと、忘れてしまいなさい」

「あなたにも、悪いところがあるでしょう」

「なに、グズグズしてんの!!」

「いったい、何度言ったらわかるのよ！　あんたは」

これが親御さんがつい口にしてしまう「言ってはいけない7つの言葉」です。こうした言葉を言われていると、お子さんは自分の気持ちを押し殺さざるをえなくなります。

いつも親御さんからこうした言葉をかけられていると、お子さんはいつの間にか、自分で自分の気持ちを押し殺す習慣を身に付けてしまいます。

1つ目の「あなたが、がまんすればすむことでしょ」。

日本人は「がまん」という言葉が大好きです。ペットが死んでつらいとき、友だちが離れていってしまってつらいとき……そんなとき、「がまんしなさい」と言われると、お子さんはぐっと気持ちを押し殺してしまいます。そしてそこで抑え込まれた気持ちが後々、不登校や身体の症状として出てくることがあります。

2つ目の「言ってはいけない言葉」は、「そんなこと、気にしなければいいでしょう」。

お子さんは、友だちから言われたいやな言葉――たとえば「キモい」「ウザい」など——を、いつまでも引きずってしまいがちです。親御さんとしては、「いつまでも気にするな」「気持ちをそろそろ切り替えよう」と言いたくなります。

たしかに、気にしなければ、それですむことかもしれません。けれども、やはりお子さんにはどうしても気になってしまうのです。

ちょっとした悪口を同じクラスの子から言われた。そんなこと、気にしなければいいことはわかっている。けれども、どうしても気になるから親御さんに言ってくれたのです。せっかくつらい気持ちを自分から話してくれたのに、「気にしないようにしなさい」と言われてしまうと、お子さんとしては「もう、誰にも助けを求めることはできない」と思ってしまいます。

3つ目の「言ってはいけない言葉」は、「あなたが強くなればいいでしょ」。

たしかに、強くなれば、今の問題を乗り越えることもできるでしょう。しかし、そんなに強くないから、心がへしゃげてしまっているわけです。それなのに「もっと強くなりなさい」と言われても……お子さんは、「僕は、弱いダメな子なんだ」という自己否定的な気持ちにとらわれてしまうだけです。

4つ目の「言ってはいけない言葉」は「そんなこと、忘れてしまいなさい」です。

子どもたちの世界には、悲しい出来事がたくさん、あります。

いちばん仲が良かった友だちが転校していなくなってしまった。

大切にしていたペットが死んでしまった。

中には、親御さんを亡くしたお子さんもいるかもしれません。

それまでずっと親友だった子に「私、別の親友ができたから、あなたと親友やめたわ」と言って縁を切られた……。「それから、もう、誰も信じることができなくなった」という子も少なくありません。

そんな、悲しさでいっぱいのときに、「そんなこと忘れてしまいなさい」と言われても、忘れられるものではありません。

たとえば、親御さんが亡くなったお子さんの場合を考えてみましょう。

ポートランドにある「ダギー・センター」という、親を亡くしたお子さんたちをケアする施設を訪ねたことがあります。阪神・淡路大震災で親御さんが目の前で死んでいったお子さんたちもそこを訪ねていました。

ダギー・センターでは、たとえば、親御さんが自殺した場合でも、事実のとおりに伝えるのがいちばん大事だと考えます。「お母さんは、お星様になっちゃったんだよ」といった言い方は、長期的に見れば、お子さんの心に悪しき影響を与えると考えるのです。

そのためダギー・センターでは、親御さんが自ら命を絶った場合でも、その事実をありのままに、直接伝えます。その厳しい現実と向きあうことから始まる悲嘆と立ち直りのプロセスを援助していくのです。

ダギー・センターでいちばん重要視するのは、お子さんに自分の気持ちを「表現」してもらうことです。

ダギー・センターの壁には、世界中から来た子どもたちが父親や母親が亡くなっていく場面を描いています。そしてそのまん中に、エリザベス・キューブラー・ロスさん（『死の5段階説』で有名な、ホスピスの先駆的存在）がこう記していました。

「悲しみを忘れないで」

悲しみを忘れないで……。悲しみを無理して忘れようとすると、その方のその後の人生に大きな後遺症になって残ることがあります。

人間、悲しむべきときに十分に悲しむことがとても大切です。

つらいときには、つらいと言うことが大切です。

大切な誰か（何か）を喪《うしな》って、大きな悲しみに包まれているときは、それに触れないようにして忘れようとするよりも、むしろ、その気持ちを十分に味わって、絵や言葉や動作で「表現」していくことが大切なのです。

ちょっと時間が経ってからでもいいので、つらいこと、悲しいこと、失ったものなどをていねいに思い出しながら、今の自分の「気持ち」を味わいながら、文字や絵で表現してみましょう。

たとえば、自分のお子さんを喪った方だったら、お子さんを喪った悲しみ、苦しみをブログに書き込んだり、掲示板に書き込んだりしてみるのもいいでしょう。人に見られるのがイヤだったら（あるいは、人からの反応がほしくなかったら）、自分自身に語りかけるようにして日記や手帳に書いていくのもいいでしょう。

言葉をかけるよりも、「聴く」ことが大切なとき〈傾聴のコツ〉

つらく悲しい出来事――友だちがいなくなったり、ペットが死んでしまったり――があったときに、親子でその気持ちを分かちあうことが大切だと言いました。

そのとき、最も重要なのが、お子さんの話の背後にある「気持ち」をていねいに「聴くこと」――「傾聴」です。

「傾聴」には、いくつかのポイントがあります。

まず**1つ目、お子さんの話を聴くときは、お子さんの視線の高さに合わせる**ようにしゃがみこんでください。話を聴くときに、「さぁ、聞いてあげるわよ」と上から目線で腕を組んでいたら、お子さんは気持ちを話す気にはなれないでしょう。

2つ目のポイントは、「できるだけシンプルで簡単な言葉」を使うことです。

使ってはいけないのは、「恐怖」「孤独」「不安」「絶望」などの硬い表現です。「○○くん、不安なんだね」「今、恐怖を感じてるんだね」「孤独だよね」などと言われると、これらの言葉は強烈すぎて、言われたお子さんは余計にへこんでしまいます。「それは、さみしいね」「こわくなっちゃうね」「イライラするんだね」とやさしく言ってあげましょう。お子さんが口にした言葉をゆっくりくり返すだけでいいのです。

3つ目のポイントは、うなずきと、あいづちです。

お子さんの話を聴くとき、「ペーシング」と言って、お子さんと同じ「ペース」に合わせて、話を聴くことが大切です。ゆっくり話す子にはゆっくり、ちょっと早めな子にはちょっと早めに、ペースを合わせて話を聴きましょう。

お子さんが、いじめにあったことなどをどーっと語り出すときには、お子さんのペースよりも少しだけゆっくりなペースであいづちを打つといいでしょう。

たとえば、落ちつかない感じの子の場合、「あのね、あのね、あのねー」と段々話が早くなっていきがちです。親御さんはそれよりも少しだけ、ゆっくりなペースで「そっか……そんなつらいことがあったんだね……」と少しゆっくりうなずき、ていねいにあいづちを打ちながら話を聴くといいでしょう。

声は、少し低めがいいです。少し低めの声のほうが、お子さんが落ちついた気持ちになれます。

傾聴の4つ目のポイントは、「しっかりしなさいは禁句」ということです。

何かつらいことがあった時、お子さんは退行（赤ちゃんがえり）しやすくなります。ぬいぐるみにつかまったり、布団にくるまったり、赤ちゃんみたいに泣き出したりし始めます。

たとえば、小学校5年生のお子さんがぬいぐるみにつかまりながら、泣き続けているとしましょう。こんなとき、

「何やってんの！　もうお姉ちゃんでしょ。しっかりしなさい！　妹もいるのよ！」

「おにいちゃんでしょう。しっかりしなさい」

こうした言葉は、「どうせ僕は（私は）だめなんだ」と自己否定感を募らせてしまいます。

5つ目は、「不思善悪」、善悪の判断をせずに聴くことです。

お子さんがマサオくんにいじめられて、つらい気持ちでいるとします。それで「マサオくんなんか死んじゃえばいいんだー」と言ったとしましょう。

こんなとき、親御さんとしては、「死んじゃえばいいって、何それ？　そんなこと言っちゃいけないでしょ」とつい、叱りたくなります。

「死んじゃえばいい」というのは、もちろん言ってはいけない言葉です。

しかし、そうした「説教」は、この場合、禁物です。

あとからでかまいません。まずは、つらくてたまらないお子さんの気持ちを、そのまま受け止めてあげましょう。

善悪の判断は、いったん脇に置いておいて、

「そうか、そんなにつらい気持ちなんだね」そう言ってあげましょう。

「あんなやつ死んじゃえ」という言葉尻にとらわれて、説教するのではなく、そんな言葉を口にせざるをえないお子さんの「気持ち」をくみ取ってください。

お子さんの話を聴く6つ目のポイントは、「話の内容」にとらわれず、「気持ち」を

受け止めていくことです。

たとえば、「死んじゃえばいいんだー」と言う場合、お子さんは現実に「死ねばいい」と言いたいのではありません。「それぐらいつらかった」という気持ちを言いたいのです。その「気持ち」を受け止めて、受け止めたことを言葉にしてあげましょう。

話を聴く**7つ目のポイントは、「同調」せずに、「共感」する**ことです。

お子さんが「あんなやつ死んじゃえばいいんだ」と言ったときに、「そうだね、死んじゃえばいいね」と言うのは、同調です。同調されると、お子さんの気持ちはますますエスカレートしてしまいます。

「そうだよ、お母さん。先生に言ってよ。あんな子、学校に来させないようにして」となって……お母さんはいわゆる「モンスターペアレント」と化してしまいます。

お子さんがしてほしいのは、そういうことではありません。親御さんがあまり強く騒ぎ立てると「お母さん、こうなっちゃうんだ」と思って、もう何かつらいことがあっても、言ってくれなくなってしまいます。

お子さんの気持ちを、お子さんの立場になって理解（共感）するのと、「同調」して行動に出るのは、まったく違います。

「あんなやつ死んじゃえばいいんだ」とお子さんが言ったら、「そうか……つらかったんだね……」とひと言、言ってあげれば、それでいいのです。


8つ目のポイントは、「男だったら、やり返してきなさい」などとは言わないことです。暴力に暴力で返しても、いつまでも暴力の連鎖が続いていくだけです。


お子さんの話を聴く**9つ目のポイントは、アドバイスをしない**こと。

「マサオくんは、こんな気持ちだったんだよ」「だから、次からもし同じことをされたら、こうすればいいよね」と、先を読んであれこれアドバイスされても、お子さんの気持ちはとても付いていけません。ただ「気持ちをわかってほしい」だけだったのに、あれこれと細々言われると、お子さんとしては、「そんなふうに言われるんだったら話すんじゃなかった」となってしまいます。

これはご夫婦でもよくある話です。

たとえば、奥様が病気で寝込んでいて「つらいわ」と弱音を吐いたときには、ただひと言「そうか、それはつらかったね。今日、ひとりにして、ごめんねー」と言って、寄り添ってあげればいいのです。

男性は「そんなにつらいんだったら、あそこの病院がいいから、明日行ったらいいよ」とアドバイスをしがちです。これはもちろん、間違ってはいません。「正論」です。けれども、そんな「正しいアドバイス」をもらっても、奥様は全然嬉しくありません。「気持ち」は置いてけぼりをくったままだからです。

お子さんのつらい気持ちを「聴く」ときの**10番目のポイントは、親御さん自身が「落ちついた態度」を保つ**ことです。

お子さんのつらい気持ちや悲しい気持ちを聞いたために、親御さんのほうが余計につらくなって泣き出してしまうことがあります。しかしこうなるとお子さんは「お母さんを悲しませてしまった。言うんじゃなかった」となってしまいます。

まずは、親御さん自身が、何を聞いてもうろたえないで「ドーン」とした構えで、お子さんの気持ちを受け止めることです。

それだけでお子さんは、パワーを取り戻していきます。

私がカウンセラーとしていつも感じるのは、子どもの「自然回復パワー」は本当にすごい、ということです。

不登校で、中学校時代、教室に1回も入れない子がいます。でも、その子とカウンセリングをしていると、「いや、おれ、高校になったら行くから」と言うのです。

大人の側は、「そうは言っても、無理だろう」と思っています。けれどもその子が高校に入ったら、実際に1日も欠席せず登校するようになるのは、よくあることなのです。

子どもは大人が思うより、ずっと「自然回復パワー」が強いのです。

いちばん大切で時間もエネルギーもかけることは、お子さんの気持ちにていねいに根気強く寄り添い続けることです。

お子さんに「あ、お父さん、僕のダメな気持ちにも、つきあってくれるんだなぁ」「こんなダメな僕でも、見捨てないでいてくれるんだなぁ」と感じてもらうことです。

ただそれだけで、お子さんは「自然回復パワー」を発揮していきます。

お子さんの「自然回復パワー」をもっと信頼しましょう。

次章から、「心の土台づくり期」「しつけ期」「自分づくり期」のそれぞれについて、その時期、その瞬間にどんなことを言ってあげたらいいのかを具体的にお話ししていきます。

子育てはある意味、タイミングがすべてです。いつ、どんな言葉をかけるか。タイミングを間違えると取り返しがつかなくなることもあります。ですから、親として知っておきたい、お子さんが傷ついたり悩んだりするよくある場面を想定しながら、話を進めていきたいと思います。

第3章

幼児期から大切にしたい子どものこころの受け止め方

「心の土台づくり期」だからこそ、愛情たっぷりに

男の子がイライラして、モノに当たっているときは？

２歳半の息子さんがいるお母さん。姉妹の中で育ったせいか、男の子の行動がわけがわからず、困っていらっしゃいました。

前著『男の子の育て方』（WAVE出版）でも書いたように、「男の子」を育てるのは大変です。特に２歳から３歳頃は、お母さんから見ると、「なんで、そんなことするの！」と言いたくなることばかり、次から次へとやってくれます。

「そんなことやっちゃいけない」と言うと、必ずそれをやるし、何かがうまくできないと、突然、怒り出したり、物にあたったり、大声を出したり……。鉛筆を投げたり、壁を蹴ったりして、終《しま》いには大声で泣き出したり、自分の頭をぶったりし始めます。

このお子さんの行動にカーッとなって、手を出してしまいそうになる、というお母さんは、少なくありません。

これは、誰にでもあることです。

お母さんとしては、ただ「きちんとしつけたい」だけなのに、なかなか言うことを聞いてくれない。それで、「どうしていつもそうなの！ 何度言ったら、わかるの！」と大声でどなってしまったり、つい手が出てしまったりして……後で、「私って、ひどい親」「もしかして、母親失格？」と落ち込んでしまうのです。

そんなときは、まず、「一呼吸して、立ち止まる」ことです。自分自身の心を落ちつかせましょう。

その場ですぐにできる「気持ちを落ちつかせる方法」を1つ、紹介します。

「グラウンディング」という方法です。ついカーッとなったり、イライラが止まらない時に、それを静めるために「気持ちを外に向ける」方法です。

①楽な姿勢で座ります。ゆったりとリラックスしてください。

②ゆーっくりと、深く深呼吸を5回ほどします。

　フーッ。ハァーッ。フーッ。ハァーッ。

③周りをよく見渡してみましょう。目に見えるものをいくつか、ていねいに見てい

きます。床が見えます。靴が見えます。テーブルが見えます。椅子が見えます。人が見えます……といったように。

④また、ゆっくりと、深呼吸をします。

フーッ。ハァーッ。フーッ。ハァーッ。

⑤音を聞きましょう。聞こえてくる「音」に意識をていねいに向けていきます。女の人が話す声が聞こえます。自分の呼吸の音が聞こえます。ドアが閉まる音がします……といったようにです。

⑥また、ゆっくりと深呼吸をします。

フーッ。ハァーッ。フーッ。ハァーッ。

いかがでしょう。ただこれだけで、イライラした気持ちや、カーッとなった気持ちが少し落ちついていくのが、わかりませんか？

この方法は、イライラしているお子さんにも使えます。

お子さんに「周りに見える色」に注意を向けていってもらうのも、いいでしょう。

「おなかのあたりに手をあてて、お母さんといっしょに、ゆっくり、深呼吸してね。

フーッ。ハァーッ。フーッ。ハァーッ。あなたが座っているところから見える色を見ていきましょうね。何か青いものは見えるかな？　黄色いものは？　緑のものは？」

この方法は『サイコロジカル・ファーストエイド』（兵庫県こころのケアセンター　サイコロジカル・ファーストエイド実施の手引き　http://www.j-hits.org/psychological/index.html）にくわしく書かれています。誰でも無料で読むことのできるサイトですので、興味がある方は是非、お読みください。

お母さん自身のイライラ、カリカリが「0歳〜6歳」の小さなお子さんの子育てにとって、最大の敵です。

まずは、自分自身の気持ちを落ちつかせることを最優先しましょう。

カーッとなったら、1分くらいトイレにこもるのも悪くありません。

お母さん自身の気持ちが落ちついてきてから、お子さんにどんな言葉がけをしていくか、ゆっくりと考えましょう。

次に、「困った行動」をしている「お子さんの気持ち」に目を向けましょう。

たとえば、壁を蹴《け》ったり、大泣きしたりしているお子さんは、どういう気持ちから壁を蹴ったり、大泣きしたりしているのでしょうか……。それは、「自分でもしたいと思っていることができないことへのいらだち」なのではないか、と考えてみましょう。

あるいは、お子さんなりの「ストレス解消法」なのだと考えてみてください。お子さん自身、「頑張りたい」という気持ちがあるからこそ、それができずに悔しくて、物にあたってしまっているのです。

パニックになって自分で自分の頭をぶつけるような行動をしているお子さんもいます。誰かを傷つける代わりに、自分でももて余している攻撃性を自分に向けて、自分自身を傷つけているのです。

そんなときは、お母さんが、**落ちついたやさしい気持ちでただひと言、「自分でもどうしていいかわからないから物にあたってしまうんだね」「痛いからやめようね」と言って、抱きしめてあげる**といいと思います。

何かとても「ショッキングな事」があったときは、「大丈夫だよ。いつも側《そば》にいるからね」と安心感を与えましょう

とてもショッキングなことが起こると、子どもは心が不安定になって、いつもと違う様子を示すことが少なくありません。

それはたとえば、大きな声を出して騒いでみたり、夜眠れずに泣き出したり、8歳なのに2歳の子と同じような赤ちゃんがえりのような行動をしてしまったり……といったようにです。

とてもショッキングなつらい出来事に直面したお子さんによく出てくることは、大きく言うと、3つあります。

1つ目は――これは、たとえば性的な被害にあったお子さんもそうですが――ショッキングな出来事がもう一度起こっているかのように体験されることです。大き

な震災の被災地のお子さんたちにも、よく表れている症状です。

本人の意思に関わりなく、勝手に記憶がよみがえって、パニックになってしまうのです。「フラッシュバック」と言います。日中だけでなく、夜、夢を見ている時に起こることもあります。

2つ目が、「回避」とか「ひきこもり」といった現象です。それに関するテレビや新聞からできるだけ目を遠ざけようとします。それのことについて思い出したり、考えたり、話したりするのをできるだけ避けようとします。その当時の記憶が思い出せなくなることもありますし、元気がなくなってボーッとしている状態が続き、イキイキした表情を見せることがぱたりとなくなったりします。

自分が傷ついたり、不安定になった気持ちを感じていると、余計不安定になってしまうので、何も感じないようにして、自分で自分の心を守っているのです。

人間の心には、「防衛機制」といって、一定以上不安定にならないようにする装置が自動的に働くようになっています。こういう時、周りでよく見ていないと「あの子は落ちついている」と勘違いしてしまいます。

しかし、実は「落ちついている」のではなく、「心が凍結してしまっている（フローズンしている)」のです。そのことを、理解してあげましょう。

3つ目が「過覚醒」と呼ばれる状態です。

ショッキングな出来事のあと、しばらく経っていて――もう安心だと頭では理解できているにもかかわらず――「全周囲警戒態勢」がずーっと続いている状態です。いつも何かに怯《おび》えていて、ちょっとした物音などにビクついたりします。よく眠れない状態が続いたり、眠れてもすぐに目が覚めたりします。

いつも何かに怯えていて、1つのことに注意を集中できなくなってしまいます。

ここにあげた「つらい体験の再体験(フラッシュバック)」「回避とひきこもり」「過覚醒」の3つの状態が1カ月以上続くようだと、専門の臨床心理士やカウンセラー、小児神経科のお医者様に相談しに行ったほうがいいでしょう。PTSD(post traumatic stress disorder)、「心的外傷後ストレス障害」になっている可能性があるからです。

ショッキングな出来事を体験した後には、ほかにも、赤ちゃんがえりをしたり、お腹が痛くなったり、頭が痛くなったりと……さまざまな症状を呈するお子さんが少なくありません。特に「不眠」と「食欲不振」に注意をしてください。

こういうとき、親御さんは、まずはお子さんの気持ちに寄り添うようにしましょう。「誰でもこういったときには、いつもと違う症状が表れるものだ」と伝えましょう。「あんなことがあったら、怖くて眠れなくもなるよね。わかるよ。お母さんだって、そんなこと、あるもん……」こんなふうに、お子さんと気持ちを共有してください。

たとえば、眠れないでいるお子さんには、「ホントにつらいよね。不安だよね。怯えちゃうよね」と気持ちを共有してあげることが大切です。

「こんなふうに怯えているのは、私だけじゃないんだ。誰だって怖いんだ」という気持ちになれるといいのです。

先ほど紹介した「グラウンディング」の方法をやって、気持ちを落ちつけていくのもいいでしょう。

眠れないだけでなく、布団に入りたがらない子、ひとりで寝るのをいやがる子や、夜中に叫んで目を覚ます子、グズグズしていて寝ないお子さんもいます。

こういったお子さんとは、まず、いっしょに寝るようにしてみてください。

「いっしょに寝るのは恥ずかしいことだ。小さい子どものすることだ」と思っているお子さんもいるかもしれません。

そういうときには、親御さんのほうから声をかけて、「お母さんちょっとさびしいから、今日はいっしょに寝ない？」と誘って添い寝をしてみるのもいいでしょう。

寝ているときに、お母さんがトイレに行くだけで「お母さん、どこ行くの？」と思う子もいるでしょう。そういうときには必ず「すぐ戻ってくるからね。大丈夫だよ。お母さんはいつもそばにいるよ。ちゃんと守ってあげるからね」――そんなふうに「安心の言葉がけ」をしてあげてほしいと思います。

まるで乳幼児のように、親御さんからずーっと離れなくなることもあります。買い物でお子さんから離れるときには、「大丈夫だからね、すぐ戻ってくるからね。お母さん、ずっといっしょにいるからね」と「安心の言葉がけ」をしてあげましょう。「〇時〇分には戻ってくるよ」と具体的に伝えるのも、お子さんの安心のために大切です。

とにかく、何よりも大切なのは、「お子さんの安心」を確保することです。そのために、親御さんとしてあらゆる手を尽くしましょう。

赤ちゃんがえりをしてしまい、何かにつけて、「これできなーい」と言い始める子もいます。いつも勉強していた子が「できなーい」。いつも妹の面倒を見ていた子が「そんなことできないよー」……となっていくのです。赤ちゃんがえり、心理学の言葉では「退行」と言います。それもそのまま認めてあげましょう。

「前はできていたよね。でも今は、そういう気分じゃないんだね。そういう時もあるよね」というふうに、その行動を理解して認めてあげるのです。

まじめなお子さんの中には、「泣いちゃダメだ」と思ってしまう子もいます。そういったときには「そんなことないよ。テレビを見ているだけで不安になるのも、怖くなるのも、当然だよ。泣いてもいいいんだよ」と気持ちを受け止めてあげましょう。

3・11の東日本大震災やアメリカで起きた9・11のテロの事件のようなショッキングな出来事があると、**「トラウマからの回復遊び」＝「ポスト・トラウマティック・プレイ」**をし始めるお子さんもいます。

ニューヨークで起きた9・11のテロの事件のとき、世界貿易センターが倒壊していく映像がテレビでくり返し流されました。あの映像を見てショックを受けたお子さんたちが、砂場で大きなタワーを作って、いきなりぶち壊す遊びを何度もくり返していたそうです。東日本大震災や津波の映像をテレビで見たお子さんたちの中にも「昨日の揺れは、ホントすごかったよねー」「アンコール！　アンコール」とふざけたことを言いながら、キャーキャー騒ぐ子もいたようです。地震の揺れみたいなポーズをとりながら騒ぐ子や、みんなで手をつないで「津波だぞー」と言いながら、ひとりの子を追いかける「津波ごっこ」をしていた子もいたようです。

そんなお子さんたちを見て、「不謹慎だ」と思われる方もいるかもしれません。けれども、これらは実は、子どもたちが自分で自分の心の傷（トラウマ）を回復しようとしている1つの試みなのです。

これらは単なるおふざけではなく、**「トラウマからの回復遊び」**＝**「自然回復パワー」（レジリエンス）を発揮して、立ち直るために必要なこと**なのです。

震災など、ショッキングな出来事があったときに、いちばん大事なことは、何はともあれ「安心感」です。

「大丈夫だよ。お母さん、いつもそばにいるからね。お母さんが守ってあげるからね」と細かに配慮をしながら安心感を与えること――これがいちばん大切です。

安心感を与えられて、気持ちが落ちついてきたあとで、自分の気持ちを表現してもらうといいでしょう。つらい出来事が起こったときのことについて、「そのとき、何があったの？」「それから、どうしたの」と「くわしく、何度も説明させる」「問い質す」のは、やめにしましょう。つらい場面を何度も思い出させられ、話をさせられることで、お子さんの「凍りついた心」は、「ますます凍りついて」しまいます。「トラウマの物語」に心が「固定化」されてしまうのです。

つらかった場面の「出来事」「内容」の話をさせるのではなくて、**その出来事についての「気持ち」を「感じてもらうこと」、そしてそれを絵や動作や遊びで「表現してもらうこと」が大切**です。

「どんな感じかなー？」と聞いてみて、それを簡単なイラストで表現してもらったり、手の動きで表現してもらうといいでしょう。「今日の気持ちはお天気で言うと、晴れかな、雨かな、それとも曇りかなー」と、お天気図のような形で表してもらうのもいいでしょう。たとえば、こんなふうに、あるいはこんなふうに。

そして、何を表現しても、「そうか、そういう気持ちなんだねー」と言って見守ってあげましょう。ただあたたかく、見守ってあげるのです。

妹や弟をいじめてしまうのには、理由があります。上の子とお母さん、二人きりで遊ぶ時間を作ってください

「小さい弟や妹をいじめる」「兄弟げんかがすごい」とほとんどの親御さんは、上の子を厳しく叱ってしまいがちです。ところが、上の子を叱れば叱るほど、弟（妹）いじめが激しくなる、ということもよくあるケースです。

多くのお子さんは、お父さん、お母さんを自分よりも下の弟（妹）に奪われてしまうという不安を抱きます。

お母さんが赤ちゃんを生んでつきっきりになっているときに、上の子（お兄ちゃん、お姉ちゃん）が赤ちゃんがえり（退行）をするのは、よくあることです。そして、急にペタペタ甘えてきたり、もう小学校5年生なのに指しゃぶりを始めたり。中には、おねしょをする子もいます。自分よりも小さい弟や、妹をいじめてしまう行動に出るお子さんもいます（「行動化」するのです）。

お兄ちゃんなりにつらい気持ちを抱えている。だけど、そのつらい気持ちを自分でうまく処理できないので、妹や弟をいじめてしまうのです。そんなとき、親御さんとして、どうすればいいか?

まずそうした行動の背景にある「気持ち」を理解しましょう。

お子さんが、赤ちゃんがえりをしたり、弟や妹をいじめたりするのは、「もっと僕にかまってほしい」「注目し関心を向けてほしい」という気持ちの表れなのです。

アドラー心理学では、お子さんの問題行動は、次の3つのステップで表れてくると考えます。

①まず1つ目は、「注目・関心」です。

お子さんは満たされない気持ちが募ってくると、「なんとかして親の目をこちらに向かせよう」とします。親御さんにかまってほしくて、困った行動をするのです。

②それでも満たされないと、今度は「権力・闘争」の段階に入ります。自分のほうが親御さんよりも上であることを行動で示して、気持ちを満たそうとするのです。親御さんに物を投げつけたり、「このクソジジィ! クソババァ!」と言ったり、「オマ

エなんかの子どもになるんじゃなかったー」と言ったりします。

③それでもお子さんの気持ちが満たされないと、今度は「復讐」の段階に入ります。リストカットをしたり、わざと物を食べずにどんどん痩《や》せていったり、自分で自分を傷つけたりするのです。自分が不幸になることで親御さんを悲しませようとするわけです。

これが3つの段階の中で、いちばん心がねじれた状態です。

アドラー心理学ではこのように、お子さんたちの問題行動は、「注目・関心→権力・闘争→復讐」という順序で進んでいくと考えています。

小さい妹さんや弟さんをいじめる行動は、おそらく、まだお母さん、お父さんの「注目・関心」が欲しい段階です。弟や妹をいじめることで、お子さんは「もっとこっちを見てよ、お母さん。妹や弟だけでなくて、僕のことをかまってよ」というメッセージを発しているわけです。

こんなとき、では、どうすればいいでしょうか。

まず、「1日30分」、お兄ちゃんがお母さんを独占できる時間を作ってください。

「ほかの兄弟といっしょ」はダメです。「僕だけのお母さん――お母さんを独占できている！」という時間を持つことが、お兄ちゃんの心の安定につながります。

思う存分、お母さんを独り占めさせてあげましょう。ゆっくり話を聞いてあげたり、やさしく抱きしめてあげてください。

5歳でも6歳でも、やさしく抱っこして、ペタペタ触ってあげて、「愛してるよ」とキスをして、愛を十分に伝えてください。

言ってはいけないのは、「お兄ちゃんなんだから、もっとしっかりしなさい！」などの言葉です。

「お兄ちゃんが何してるの！」

「お姉ちゃんなんだから、ちゃんとしなきゃ」

こんなふうに言われると、

「ぼくは好きでお兄ちゃんになったわけじゃない」

「好きでお姉ちゃんになったわけじゃない」

という気持ちになり、心がひねくれてしまいます。

イライラして妹や弟をいじめているお子さんがいたら、お母さんを十分に独占させてあげましょう。

「お母さんね、○○くんのこと大好きだよ。世界でいちばん大切な存在だよー」そう言いながら、ベタベタペタペタ、タッチングをして、肌の接触と言葉で愛を伝えてください。

ひとりっ子のお子さんに「どうしてきょうだいがいないの？」と言われたら…

「ひとりっ子でさみしい。私にはどうしてきょうだいがいないの？」と子どもに言われて、返答に困るという親御さんがいました。

また、3歳の女の子（ひとりっ子）のお子さんをお持ちのお母さんに「幼稚園（保育園）に行かせているのですが、いつもひとりぼっちで遊んでいることが多いようです。きょうだいがいないので、友だちとどう接していけばいいのかわからないのではないかと心配になることがあります。やっぱり、きょうだいがいないといけないのでしょうか」と聞かれたこともあります。

「ひとりっ子」というと、とかく悪い面（デメリット）ばかりが語られがちです。しかし、「ひとりっ子」には、実は、大きなメリットがたくさんあります。

きょうだいがいると、自分ときょうだいを比べて自己否定に陥《おちい》ってしまう子は少なくありません。

「お兄ちゃんと比べて、僕はいいところなんかひとつもない」

「姉は美人なのに、私は全然きれいじゃない」

以前、私の研究室に成績もよくて、性格もよくて、容姿端麗《ようしたんれい》な女子学生がいました。その学生が、みんなと食事に行っているときに、「サトミちゃんはいいよね。天は二物を与えずって言うのに、サトミちゃんは五物も六物も与えてもらってるよね」と言ったら、泣き出してしまったのです。最初は嬉《うれ》し泣きなのかなと思っていたら、どうやらそうではなさそうです。「私……両親から愛されずに育った子どもなんです」というわけです。

「どうしてそう思うの？」とたずねると、彼女は、幼い頃からいつも、「兄ちゃんは頭がいいけどおまえはバカだな」「兄ちゃんは勉強ができるのにおまえはできないな」などと言われ続けて育ったらしいのです。

きょうだいと自分を比べて、コンプレックスを抱き、自己否定的な人生を歩んでいる人は少なくありません。

けれどもひとりっ子だと、少なくともきょうだいと自分を比べてコンプレックスを持つことは、ありません。ひとりっ子には、自分より優れたきょうだいを持つことで生まれる悲劇を味わわずにすむという大きなメリットがあるのです。

ひとりっ子でさびしいと言っているお子さんに対しては、**「そっか、さびしいんだー……。でもね、その分、お母さんはミチヨのことだけを365日24時間、いつも思うことができるんだよ。あなたのことだけをいつも思っていることができるんだよ」**——そう言ってあげましょう。

「ひとりっ子でむしろラッキー」と、お母さんを独占できる幸せを実感する子も少なくないはずです。

とは言っても、やっぱりひとりでは、さびしいんじゃないかと思われる方もいると思います。

そういった場合には、できるだけ年齢の近い、近所のお子さんと遊ばせる機会をたくさん設けてあげてください。同年齢のお子さん、もしくは少しだけ年齢が上のお子さんといっしょに遊ばせるといいでしょう。

お子さんの知的能力は、「自分よりも少しだけできる子」といっしょにいると、いちばん伸びる傾向があります。そのため、自分より少し能力の高い子や1つか2つ年上のお子さんといっしょに遊ばせていると、知的能力もどんどん伸びていきやすいのです。

のんびりタイプの子に、「やる気」を出させるには、どう言えばいい？

うちの子に「やる気」を出させるには、どうすればいいんでしょうか……「子育て相談」で最も多い悩みのひとつです。

お子さんに「やる気」を出させるには、どうすればいいのでしょうか。

1つは、「やる気を引き出すシール作戦」（トークン・エコノミー方式）です。

「お手伝いをしてくれたらシールを3つあげる」

「宿題を6時までにすませたらシールを2つあげる」

「シールが全部で10個になったらあなたが好きなチョコレートと替えよう」

こんなふうにして、「頑張れば、シールがもらえる」ようにしておくのです。そうすることで、お子さんの家事や学習が習慣化していきます。「習慣化する」と、お子さんが「やる気」を出すためのハードルが下がっていきます。

この方法は、お子さんのタイプによってやり方を変えていく必要があります。

①「コツコツタイプのお子さん」には、ごほうびをこまめにあげていくのが、ポイントです。まじめな性格の人が、お店のポイント集めにはまってしまうのと、同じことです。

②「のんびりタイプのお子さん」には、最初は「低いハードル設定」から始めるのが効果的です。「低いハードル」を設けて、「これ、クリアできた！」という「小さな成功体験」を積み重ねることで、学習リズムが身についてきます。

お子さんが途中で放り出しても、カチン！ ときてあきらめずに、「できること」のハードルを少しずつ少しずつ上げていく、根気強いかかわりが必要になってきます。

③「一点集中タイプのお子さん」は、ずっと宿題を溜《た》めていても「やる気」が出れば、一気に宿題を終えてしまうタイプです。こういったお子さんには、「全部終わったらゲーム1回ね」と、「最後までやりきったとき」に一気にごほうびをあげるのが効果的です。

お子さんの「やる気」を引き出すには、どんな言葉をかけるといいでしょうか。

「お母さんね、黄金のスケジュール作ってみたよ。いっしょにやってみない？」と、ゲーム感覚でお子さんをノセることができると、お子さんはやる気になってきます。

そして、少し頑張る姿勢を見せたら、「マサオ……やってるじゃない。**お母さん、マサオが頑張っているところを見ると、嬉しくなってくるわ。マサオだったら、できるよね♥**」

こんなふうに、お子さんが頑張っていることに対する**自分の「喜び」と「期待」をお子さんに伝える**ことです。

これはアドラー心理学で「勇気づけ」と呼ばれる方法で、大きな効果を発揮します。

お子さんはお母さんの「期待に応えよう」として、頑張るものなのです。

第4章

悩みを抱えている「小学生・中学生」にどんな言葉をかけますか

「しつけ期」「自分づくり期」の〝自然回復エネルギー〟を活性化させましょう

いじめられたら、すぐに担任に相談を。親は「私は絶対にあなたを守る」と安心感を与えましょう

小学校も高学年になってくると、心配になってくるのが「いじめ」です。

もしある日、お子さんが泣きながら帰ってきたら……お子さんがいじめにあっているとお聞きになったら……、さぞかしショックを受けられるでしょう。当然です。

何もしていないお子さんがなぜクラスでみんなからシカト（無視）されなくてはいけないのか。よくうちの子を知りもしないのに、なぜ悪口を言われなくてはいけないのか。友だちだった子も避けるようになってきた……。

大きな憤りとともに、「いったいどうしたらいいんだろう」と途方に暮れる親御さんも少なくありません。

しかも、です。

文部科学省国立教育政策研究所の調査（いじめ追跡調査２０１０―２０１２）によ

れば、小学校4年生から中学校3年生までの6年間に、「仲間はずれ、無視、陰口」などの「いじめ」を「ぜんぜんされなかった子」はわずか12・9％と約1割しかいません。逆にこれらの「いじめ」を「しなかった子」も、わずか12・7％と約1割にすぎないのです。

これは驚くべき数値です‼

小4から中3までの6年間に、約9割の子が「いじめられて」いて、同様に、約9割の子が「いじめに加わっている」のです。つまり、日本の子どものほぼ9割がいじめられたり、いじめたり、しているわけです‼

お子さんにとって、**学校は、まさに「戦場」と化している**、と言わざるをえないでしょう。

あなたのお子さんが、小4から中3までの6年間を、いじめと無関係でいられる確率は、たった1割しかない（！）のです。

親御さんとしても、相当な心の覚悟が必要になってきます。

私はスクールカウンセラーをしていますが、いじめのことで相談に来られる保護者の方は毎年後を絶ちません。

そのとき「担任の先生に相談してもいいものでしょうか」と相談される方もおられます。いじめは、クラスの中で起きる問題です。親御さんひとりの力では、解決不可能です。スクールカウンセラーか、担任の先生に相談されて、学校とがっちり力を合わせて、解決に向かっていきましょう。

では、いじめはどうやって起きるのでしょうか。

実は、いじめは「いじめる子」と、「いじめられる子」の対立の中で起きているのではないのです。

実際、いじめには、学級風土、つまり「クラスの雰囲気」が大きく影響をしているのです。

早稲田大学の河村茂雄教授らによる、こういう研究結果があります。

①心と心のふれあい（リレーション）と、②学級の秩序やルール、この2つが保たれている学級では、いじめは起きにくいのです。

現実には、こんな学級はわずか2割程度しかないようです。

いじめは、学級の人間関係の中で生じる問題です。

ですから、担任の先生に相談しないわけにはいきません。

しかし、その前に、お子さんとよく相談をしてください。お子さんに相談もせずに担任の先生に言ってしまい、担任の先生が荒っぽい学級指導をして、いじめがさらにひどくなってしまうことがあります。

たとえば、ある小学校6年生の学級では、いじめられた子が学校を休んだ日に、「○○ちゃんのどこが嫌いなのか、みんなの意見を聞きましょう」と話しあいをおこないました。しかし、その会をやったために、学級の中に「あの子はいじめてもいい子なんだ」という雰囲気が完全にできあがってしまい、次にその子が登校したときに、いじめはさらにエスカレートしてしまいました。

親御さんが担任の先生やスクールカウンセラーの方と協力して、解決に向かっていく場合、注意していただきたいのは、①**いじめ問題の「解決」**と、②**いじめられている子の「心のケア」**――**この2点を明確に区別してほしい**、ということです。そして①「問題の解決」よりも、②の「いじめられている子のケア」を優先していただきたいのです。

いじめ問題はお子さんの心に一生の傷を残します。

大学生で自殺をしようとする学生のカウンセリングをしていると、その半分ぐらいの学生が、自殺を考え始めたきっかけになった出来事として「小学校高学年や中学校でのいじめ体験」を語ります。

小学校高学年のとき、あるいは中学校のときに、集中的にいじめられたことがある。そのときからずっと、「私なんてこの世に存在する価値はない。友だちができる価値もない」と思い始めて、だんだんと死を望む気持ちが高まっていったというのです。

「いじめられたお子さんの心」は、ひどく傷ついています。まず、お子さんの心をどうやってケアするかに全力を注いでいただきたいのです。


「実は、私、クラスでいじめられているの……」

こう告白されたときに、次の3つの言葉は、絶対に言わないようにしましょう。

「あなたにも、悪いところがあるでしょう」

「あなたがもっと強くなればいいのよ」

「そんなことくらい、気にしなければいいじゃない」

この3つの言葉は、絶対に言ってはいけません。

ただでさえとてもつらい気持ちになっているお子さんをさらに追い詰めてしまいます。

「お父さんになんか、絶対にもう言わない」といった気持ちにさせてしまうだけです。

特に、「あなたにも悪いところがあるでしょう」と言われてしまうと、お子さんは、「私なんか（僕なんか）いじめられても仕方ないんだ」という気持ちになります。「自分はどんなにいじめられても仕方のない存在なんだ」と思ってしまうのです。

お子さんが、自分がいじめられているという言葉を口にしたときには、ひと言、

「**それはつらいね。よく耐えてきたね。話してくれてありがとうね**」

それだけ言って、あとはお子さんの語る言葉に静かに耳を傾けましょう。

中には目にいっぱい涙を溜めているお子さんもいるでしょう。

そのときは、

「**泣いてもいいんだよ。思いっきり、泣いていいんだよ。つらかったねー、お母さんもいっしょに泣きたいぐらいだよ**」

そう言ってあげましょう。

すると、大粒の涙をこぼしながら、気持ちを語ってくれるお子さんもいます。

そして、ひと言、

「お母さんは絶対にあなたの味方だからね。あなたが悪いんじゃないんだよ。いじめはいじめた方が絶対に悪いんだからね」

そう言ってあげましょう。


担任の先生に相談されるときには、学校でどのような指導をされるのか、保護者の方が1つずつ確かめながら慎重に話を進めていってください。

「いじめられているから、もう学校に行きたくないと言っています。……先生、学校を休ませていいものでしょうか」――そんな相談を親御さんから受けることもあります。

たしかに、「休み癖」はつけないにこしたことはありません。けれども、いじめが原因で休みたいと言っている場合に限って、

「本当に安心した気持ちになれるまで、ゆっくり休んでいいんだよ」

そう言っていただきたいと思います。

「いじめによる心の傷」は、将来、その子の「いのち」の問題（自殺の原因）になりかねない大きな問題です。

「いじめくらい、昔からあった……」などと、いじめをなめてはいけません!!

まずは、「お子さんの心を守ること」に全力を注ぎましょう。

どうやら、うちの子が「いじめ」をしているみたい。そんなときは？

担任の先生から、クラスでいじめが起きていることを知らされたら、どうでしょう。

これは、ある小学校6年生のクラスの事例です。いじめを受けている子は1人の子からいじめられているのではなく、複数の子どもからいじめられているようです。そして、どうもそのいじめチームの一員に自分の子が入っているようです。

「よりによってうちの子がいじめをするなんて……」

自分のお子さんがいじめの加害者であることを知ったとき、大きなショックを受ける……これは責任感のある親御さんならば、当然の心理です。

いったい、どうしたらいいでしょうか。

まずは、**お子さんがいじめという非人道的な行為をおこなったことを率直に認めて**

ください。いじめは、人の一生を大きくねじ曲げる犯罪にも等しい行為です。けれども、いじめたからといって、お子さんに罵声を浴びせ追い詰めるだけでは問題は解決しません。

いじめる側もいじめられる側と同じような、大きな「心の闇」を抱えていることが少なくありません。大切なのは、いじめをおこなった①お子さんの「気持ち」、②いじめという「行為の劣悪さ」――この2つを区別することです。

いじめという「行為」については、絶対に許してはいけません。いじめは「人間として許されない行為」だということを大声で怒鳴《どな》ったりせず、心に滲《し》み入るように語ってください。

「いじめはいけない」とお題目のように語るだけでは、お子さんの心の中では、「でも、だって、やらなければ僕がいじめられたかもしれないのに」という不満の気持ちだけが蓄積されていきます。

もしお子さんが、「どうしてそんなことをやってしまったの?」という親御さんの問いかけに、「言い訳」のようなことを語ったら、「言い訳するんじゃないの!」と言うのではなく、その気持ちをていねいに聴いていきましょう。そして、「そうか……

そういう気持ちがあったのか」と、お子さんの気持ちをしっかりと受け止めてあげましょう。

お子さんの気持ちをしっかりと受け止めた上で、

「やったことは人間として絶対に許されることではないと思う。だから**おまえが、そんなことをしてしまって、お父さんは本当につらいし、悲しい。おまえだって、本当はわかっていると思う。いじめは人間として絶対にやってはいけないことだって……**。その自分の気持ちをしっかり見つめて、これから前を向いて生きていこうな」

そう語ってみてください。そして可能なら、お父さま、お母さま、お子さんと3人で、相手のお子さんのお宅に謝罪に行くべきだと私は思います。

「おまえが本当はそんな子じゃないということを信じている。信じていいよな。今からいっしょに、謝りに行こう」――そう言ってあげられたら最高です。

親御さんが自分のために体を張って謝罪してくれる姿を目の当たりにすることで、「自分はなんてひどいことをしてしまったんだ」という思いをお子さんは胸に刻みつけることと思います。

子どもが学校に行っていません。どうしたらいいですか？

お子さんに「もう学校になんて行きたくない」と言われてしまったら、親はどうすればいいでしょうか？　スクールカウンセラーである私のところへ来られる相談で、最も多いのが、不登校の相談です。

不登校のお子さんへの対応は、初期対応（休み始めて３〜５日くらいの時の対応）、中期対応（休み始めて１〜３カ月くらいの時の対応）、長期対応（休み始めて１年〜数年での対応）の３つに分かれます。ですので、ここでもこの順序で考えていきましょう。

①不登校のお子さんへの初期対応（休み始めて３〜５日くらいの時の対応）

お子さんが学校に行かなくなって、まだ３〜５日くらいのときです。

まず、お子さんがどうして学校に行きたくないのかをたずねてみましょう。いじめられている、仲間はずれにされているなどの、明確な「学校での原因」がある場合は、お子さんが安心して学校に行ける状態になるまで、「ひとまず学校、休んでもいいんだよ」と言ってあげることも一案です。

けれども、できるだけ、学校を休ませないほうがいいことは確かです。

なぜでしょうか。

学校に行かない状態が長く続くと、体がそれに慣れてしまい、昼夜逆転も生じて、「心は行きたくても、体が行けない状態」になってしまうからです。ですので、「心のエネルギー充電のためのお休み」は、できれば「水・木・金」と3日くらいまでにしたいものです。3日休むと、それに続く土・日もあわせて「5日間、フルに休む」ことになります。

私たち大人でも、1週間以上、病気で入院をしてベッドに寝たままでいると、会社にフル出勤するのは、大変つらくなります。

それと同じことで、子どもも学校を1週間以上休んでしまうと、「心は学校に行きたくても、体がついていけない状態」になってしまうのです。

さらに1カ月ほとんど家にいるまま、外に1歩も出ない生活をしていると、ますます体が「学校に行けない体」になっていきます。「突然学校に行ったら友だちからどう思われるだろうか」ということも気になって、それでさらに行きにくくなるのです。

ですから、**できるだけ欠席は3日以内にとどめること、これが「不登校の長期化を防ぐ第1の方法」**です。

もし息子さんが学校を休んで、朝から晩までひたすらパソコンでゲームをやっているとしましょう。

その場合は「お母さんはあなたが嫌いだからこうするんじゃないわよ、あなたに学校に行ってほしいからこうするのよ。だから、学校に行ったら戻してあげるから」ときちんと説明をしたうえで、いったんゲームを取り上げるのも一案です。

学校に行かずに1日中ゲームをやっているゲームアディクション（ゲーム中毒）の不登校のお子さんが少なくありません。このままでは、脳がいわゆるゲーム脳になってしまい、ゲーム依存症からの回復を図ることが困難になってきます。

ゲームの時間をできるだけ短くしたり、一時的に止めるようにしましょう。

ゲームがなく、何もすることがないと、「家にいても、つまらなすぎるから」という理由で、学校に行き始めるお子さんもいます。

こういう調査結果もあります（栃木県鹿沼市教育委員会）。

第1章でも書きましたが、小学生のお子さんで「頭が痛い」「お腹が痛い」「風邪をひいた」などの理由で、学校を3日以上休んだ場合、欠席理由に関わりなく、教育委員会の教育相談担当者がそのお子さんの家庭を訪問して対応したのです。すると、一気に、小学校の不登校が4割削減（！）したといいます。

これは、画期的な成果です！

小学生のお子さんには、「学校に行きたくない」自分の気持ちを「言語化」できない子が少なくありません。

その場合、言語化されないその気持ちは「症状化」しはじめます。

仮病ではありません。本当に、頭が痛くなったり、お腹が痛くなったり、発熱したりするのです。

そういった頭痛や腹痛での欠席の背後には、「不登校の種」が潜んでいることが多いのです。

その時、これは風邪だから、お腹が痛いんだからと言って休ませ続けていると、「休んだこと」が原因となって、体が「学校に行けない体」になり、不登校になってしまいます。

できるだけ3日以上休ませない。これが初期対応の鉄則です。「3日以上休んだことが、不登校の原因になる」ということを覚えておいてください。

②不登校のお子さんへの中期対応（休み始めて1～3カ月くらいの時の対応）

学校を休み始めて1～3カ月くらい経つお子さんの場合の対処法です。

不登校には、大きく分けて、2つのタイプがあります。「いじめや仲間はずれなど、明確な学校での原因がある不登校」と「理由なき不登校」です。

最近は「理由なき不登校」を続けるお子さんが増えています。学校に来たら来たで友だちと仲良く遊んでいるのに、1日、2日学校に行ったら、また1週間ぐらい学校に行けなくなってしまいます。

お母さんやお父さんがいくら理由を聞いても、「別に……」「わからない……」などと口を閉ざして「何も言ってくれない」タイプの不登校のお子さんです。

こういった場合に、「どうして学校に行きたくないの？　本当のことを教えて」などと詰め寄られてしまうと、お子さんは参ってしまいます。決して、問い詰めないでください。

「なぜ行きたくないの？」と聞かれて、「わからない」と答える。実はこれがお子さんの本音なのです。「自分でも、よくわからないけど、何だか、学校に行くエネルギーが出てこない」のがお子さんの本心です。

お子さんは、「本音を言ってくれない」のではありません。「よくわからない」という「本音」を語ってくれているのです。

こういった「理由なき不登校」「エネルギー不足型の不登校」のお子さんの場合は、ぜひ先生やお友だちにお願いして迎えに来てもらいましょう。

「理由なき不登校」の場合、誰も学校に誘ってくれないと、ただそのままエネルギー不足が助長されていって、欠席日数ばかりが増えていきます。毎日家にいる状態が続くと、それに体が慣れてしまって、「学校に行きたくても行けない体」になってしまうのです。

お子さんが「学校に行きたくない」と言ったとき、「何言ってんの！　学校に行きなさい！」と理由も聞かずに叱りつけるのはやめにしましょう。**学校に行きたくないという言葉の背後にあるお子さんの「思い」をていねいに聴きましょう。**

一方で、学校に行きたくない明確な理由がある場合——いじめられたり、仲間はずれにされたり、みんなの前で先生にきびしく叱られたり、といったことがあった場合は、とにかく話を聴いてあげましょう。そして、

「そうか、そういう気持ちで行きたくなかったんだね。あなたの心のエネルギーが戻ってきて、学校に行きたくなるまで、お母さん、待ってるよ」

「よくがんばったね。しばらく休んで心のエネルギーを充電するのも、いいかもね。そのうち、学校に行けるようになるって信じてるよ」

そんな言葉をかけてあげましょう。

そして、エネルギーが回復して、お子さんが自分から「そろそろ学校に行ってみようかな」と言い出すのをしんぼう強く待っていましょう。

「待つこと」──お子さんを「信じて待つこと」が何よりも重要です。

また、中期的な不登校の場合、「週に1日、水曜の4時間目だけ、学校に行っている」という部分的な不登校のお子さんも少なくありません。これは、とても大きなプラス要因です！

私の経験では、中学生で、「週に1日でも定期的に学校に来ていた子」は、高校に入ったら、何事もなかったかのように毎日、通えるようになる子が少なくありません。「週に1時間だけ登校している」のと「ゼロ」とでは、その後に、とても大きな違いが出てくるのです。

③不登校のお子さんへの長期対応（休み始めて1年～数年の場合の対応）

1年、2年、3年……と学校に行っていないお子さんの場合です。

この場合、気をつけていただきたいのは、学校に行く、行かないよりも、「ひきこもりにならないようにする」ことです。

ひきこもりの平均年齢は現在、31・6歳です（徳島大学境泉洋らによる2012年の調査）。2002年の尾木直樹らの調査によると、26・6歳だったわけですから、いまだに「ひきこもりの高齢化」が急速に進んでいるかが、わかります。ひきこもり全体の数が増えていることを考えあわせると、「10年前にひきこもりだった人の、おそらく半分以上が、10年経った今でもひきこもったままである」と推測されます。これは大変ショッキングな数字です。

10年前に26歳でひきこもりだった方の半分以上が、10年経ち、36歳になった今でもひきこもっており、またそのうちのかなりの割合の方が、今後さらに10年、20年とひきこもっているであろうことを考えると、20年後、30年後の日本には、何十万人という「20歳くらいから、ほとんど家から出たことがないまま60歳を迎える大量の〝高齢ひきこもり〟」の方が、生まれることになります。

これは、国全体の問題として見ても、大変な「国家的大問題」です!!

私はかつて、ひきこもりの治療施設に勤務していたことがあります。20年以上、自宅にひきこもったままの方は、決して少なくないはずです。

「ひきこもり」のまま、10年、20年と自宅の中だけですごしていても、その方の人生が無意味だったとは、私はまったく思いません。ひきこもりの方でも、自分なりに充実した精神生活を送っている方は、たくさんいます。

けれども、「お子さんが35歳になったとき」に社会に出ていてほしいのなら、「学校に行っている」「行っていない」という目先の小さなことには、こだわらないほうがいいでしょう。目先のことより、お子さんの10年先、20年先のことを「ながーい目」で考えましょう。「今の学校復帰より、10年後、20年後の社会復帰」を優先していただきたいのです。

親御さんは「学校に行きなさい。学校に行かないなら勉強しなさい」と、そのことにこだわってガミガミと言い続けてしまいがちです。

しかし、これでは、ただでさえ不足しているお子さんの心のエネルギーをさらに奪い取ってしまうことになります。お子さんはますます学校に行けなくなってしまいます。

大切なのは、**「今の学校復帰」より「10年後、20年後の社会復帰」「人間関係復帰」**です。

小学生、中学生のうちに、学校に行けるようにさせてあげたい――こう思うのは、親心です。けれども、親御さんが焦れば焦るほど思い通りにならないのが現実です。

今急いで無理に学校に行かせて、お子さんの心のダメージを深くしてしまうよりも、

「20歳になったときに社会に復帰できている状態」を目指す、という長期的な視点を持って、お子さんと粘り強く、じっくり関わり続けていってほしいと思います。

また、こうした「長期化した不登校」の場合、御家族や学校の先生以外の第三者の方——たとえば、半分勉強、半分話し相手の家庭教師のお兄さん——とのかかわりが、大きな意味を持つこともしばしばあります。

「きっとこの子はいずれ社会に出ていける」「人間関係の世界に復帰できる」という願いを抱き続けながら、お子さんにじっくり関わっていっていただきたいと思います。

いつも「ひとりぼっち」でいる子に必要なのは、心配よりも「ひとりでいる価値」を教えること

うちの子は学校でいつも「ひとりぼっち」でいるようです。担任の先生に相談したところ、新しいクラスになってから友だちがうまく作れていないようです。

親としては、心配でなりません。

確かに、友だちがいることは学校生活を楽しく送る上で、大きな要素のひとつです。特に小学校４年生から高校生ぐらいまでは、親御さんや先生よりも友だちが「誰よりも大切な存在」になります。小学校3年生ぐらいまでは、子どもにとっていちばん大切なのはお母さん、お父さん、2番目に大切なのは先生、友だちは3番目です。

しかし、小5、小6になり、いわゆる「思春期」に入っていくにつれて、「友だちができない自分」に悩みはじめるお子さんは少なくありません。その理由のひとつは、今の「学校文化」にあります。

今の学校では、友だちがたくさんいる子が価値のある子、友だちができない子はダメな子といった文化が暗黙のうちに形成されています。

それをお子さんも感じとっているので、「友だちができない自分は価値がない人間」「友だちのいない自分はダメな人間」というふうに思い込み、否定的な自己イメージを抱いてしまいがちなのです。中には「友だちもできない自分なんて、この世に存在している価値がない」「僕なんかもう死んでしまった方がいいのでは」と思い詰めるお子さんもいます。

しかし、実は、**「不登校になったことがあったり、友だちができずにひとりの時間（孤独の時間）をすごしている子には、精神的な成熟が早い子が多い」**のです。ほかの子が友だちとバラエティー番組の話や、ドラマやアニメの話で盛り上がっているあいだに、ひとり、自分と向き合い、自分を作っていく作業に取り組んでいる子が多いのです。

「自分ひとりの時間を持つ」ことは、「その子にしか作れない独創的な心の世界を育んでいる時間」をすごしていると考えてもいいと思います。

「孤独の時間」は、「自分だけの世界」を作っていく上で不可欠な時間です。

多くの天才と呼ばれている人たち——たとえば、デカルト、ニュートン、ロック、パスカル、スピノザ、カント、ライプニッツ、ショーペンハウエル、ニーチェ、キルケゴール、ヴィトゲンシュタインなどの天才的な哲学者や数学者たち——彼らはいずれも、結婚せず、人生のほとんどの時間を「孤独」にすごして生きました。

もし、彼らが結婚し、妻やお子さんとの関係に、あるいは友人とアニメやバラエティー番組の話をすることに多くの時間とエネルギーを費やしていたとしたら、あのような独自な思想世界を構築できなかったことは、間違いないでしょう。

つまり**人間は、「ひとりでいる時間」に「自分固有の世界」を作っていく**のです。

お子さんに友だちができなくても、そのことを決して否定することはありません。


今、私の記憶にふっとよみがえった中学校2年生の女の子がいます。

彼女は不登校でした。でも、先生や親御さんが「そろそろ学校に行きなさいよ」と何度も言うので、しぶしぶ学校にやってきていたのです。その女の子は、私の目を見てこう言いました。

「先生、ひとりでいるって、そんなにダメなことですか。友だちって、そんなに大切なものでしょうか。私、正直言って、友だちといてもつまらないんです。アニメの話とか、テレビの話とか、くだらない話ばっかりで……。ああいう話に付き合っているぐらいなら、自分ひとりで小説を読んだり、絵を描いたりしている時間のほうが、ずっと充実した時間のように思えるんです」

私は、この子のまっすぐな突き刺すような瞳を忘れることができません。

この子との出会いがきっかけとなって、私は「孤独」について、何冊かの本を書きました。『孤独であるためのレッスン』（NHKブックス）、『「孤独」のちから』（海竜社）、『友だち100人できません』（アスペクト）、『嫌われても折れない「自分」をつくる101の言葉』（経済界）という4冊の本です。

著作を通して、「ひとりでいることは決して悪くないんだ」ということを伝えていきたいと思ったからです。

『孤独であるためのレッスン』を読まれた読者の方からこんな手紙をいただきました。

「私は小学校、中学校、高校と両親から友だちを作れ、友だちを作れと言われて、でも、うまく友だちを作れずに、友だちも作れない自分はダメな自分なんだと毎日暗い気持ちですごしていました。もし、子どもの頃に、先生のように、『ひとりでいてもいいんだよ』『**ひとりでいる時間こそが価値のある時間なんだ。あなたの心の世界を作っていく上で不可欠な時間なんだ**』と言ってくれる大人が、一人でもそばにいたら、私はあのような、無駄な苦しみを抱えずにすんだかもしれません」

そんな手紙をいただいたのです。

おそらく、今、小学校４年生から高校生ぐらいのお子さんに、同じような思いをしている子はたくさんいるはずです。友だちがうまく作れない。クラスの中でどうしてもひとりぼっちになってしまう。そういう子はたくさんいます。

そういうとき、親御さんや先生は、つい「もっと友だちを作りなさい」とその子を否定する言葉をかけてしまいます。

けれども、それはいたずらにお子さんの心の中に自己否定的なイメージを募らせ、さらには、ひとりでいることによって作られていく固有の世界を潰《つぶ》してしまう結果につながりかねないのです。

こういうこともありました。

ある不登校の女の子です。この子はいじめにあって、学校をしばらく休んでいました。半年くらい、休みました。この子はもともと絵が好きでした。半年間休んでいる間に、マンガを描いていました。そのとき描いたマンガをある出版社に投稿したら、いきなり採用されてプロデビューしたのです。

「ひとりの時間」は、思いきり「自分だけの世界」に身を浸らせる時間です。その時間の大切さをお子さんに伝えましょう。お子さんがひとりでいることを決して否定しないでください。そして、ひと言、**「友だちなんかいなくてもいいじゃない、お母さんがあなたのいちばんの友だちだよ」**と言ってあげましょう。

「うちの子は頑張っているのに、いい点数がとれません」。さて、どうしましょう？

「うちの子ども、なかなか成績が上がらない……」と悩んでいる親御さんは、たくさんおられると思います。

親御さんには、しんぼう強く、「結果としての成績」ばかりに目を向けず、「お子さんの頑張りのプロセス」に目を向けて、勇気づけてあげてほしいと思います。

毎日5時間勉強したにもかかわらず、成績がまったくアップしなかったとしましょう。お子さんは「やっぱりダメだった」と思って、落ち込んでいきます。そういうときには、

「今度のテスト、成績いまいちで、ちょっと落ち込んでいるみたいだね」

「でもね、お母さんは知ってるよ、マサオ、いつもと違って、今回は毎日5時間も勉強していたもんね。いつもより頑張っていたのをお母さんは知ってるよ。お母さんね、

マサオが頑張ってる姿を見て、とっても嬉しかったんだ」

と伝えてほしいのです。お子さんの具体的な行動に着目して、言葉にして伝えてあげましょう。そして、「ほめる」のではなく、お子さんが頑張っている姿を見て、「**お母さん、嬉しい気持ちになった」と、自分の気持ちを伝えてほしい**のです。

「ほめる」のは、上から目線です。

「あんたよく頑張ったのね、お母さん知ってるわよ。また頑張ればいいのよ」とほめられても、子どもは嬉しくありません。「成績が上がらないと、やっぱりダメなんだ」と言われたようなものだからです。お子さんとしては、自分の頑張りをお母さんがよく見てくれていて、「それだけでお母さんは嬉しい気持ちになった」と伝えてもらえるのが、いちばんの報いになります。

子どもというのは、「親に喜んでほしくて頑張る」生き物です。

いくら勉強しても成績が上がらない子の多くは「自分は報われない存在だ」と感じています。その結果、学習意欲も低下してしまうのです（学習性無力感）。

それでも、親御さんとしては少しでも成績をアップさせてあげたいのが、正直なところでしょう。では、どうしたらいいのでしょうか。

まず中学校2年生くらいまでの親御さんにお願いしたいのは、「**勉強部屋ではなくて、リビングで勉強する習慣をつけさせましょう**」ということです。

進学塾の経営者の方にたずねてみると、受験競争を勝ち抜いて、偏差値の高い学校に受かる子の多くは、リビングで勉強しているのです。

当然と言えば、当然です。

「さっさと自分の部屋に行って勉強しなさい」と言われて、自分の部屋に行ったところで、お子さんがすぐに勉強していると思いますか。しているはずがありません。いろんなことを空想したり、ゲームをやったり、スマホやパソコンをいじったり、マンガを読んだり、イラストを描いたりしているのが普通でしょう。

勉強部屋に行くとひとりでさびしいから、多くの子は勉強したくなくなるのです。

お子さんの成績を上げるコツは、1つ目はリビングで勉強させること。

そして**2つ目は、できれば「最初の10分」は、お母さんもいっしょに勉強すること**

です。

勉強は、最初に「休んでいる状態」から、「勉強をする状態」に切り替えるのがいちばん難しいのです。「最初の10分」だけでいいので、お母さんやお父さんといっしょに、楽しみながら勉強する習慣をつけましょう。

「ああ、こういう問題やっているんだ、これおもしろいね」と親子で話しながら勉強をする。そうすると、「ああ、勉強というのはさびしいことではないんだ。お母さんやお父さんといっしょにできる、楽しいことなんだ」という気持ちになっていきます。

成績を上げる**3つ目のコツは、「まず、暗記科目から始める」こと**です。暗記科目を覚えるときにとても大事なことは「身体を動かす」ことと、声に出して覚えることです。ずっと座って文字だけをじっと見つめていても、なかなか暗記はできません。

これはつまり、視覚だけを使っている状態です。

「視覚」だけではなく、「聴覚」も、さらには「身体の動き」も使うといちばんいいのです。

私が「勉強ができない子」におすすめしているのは、「マイケル・ジャクソンになる」方法です。たとえば「意欲に（１４９２年）燃えるコロンブス」と年号を覚えたいときに、ちょっとリズムをつけて軽くダンスをしながらポーズをつけて、声を出して自分からリズムをとりながら覚えると、じっとして覚えるよりも覚えやすいのです。なぜかと言うと、声を出して身体を動かすことで脳も活性化されるからです。

暗記をするときは、何度も何度も反復する。ただ、その反復をするときに、読んだり書いたりだけでなくて、声に出したり、歌ったり、踊ったりしながら覚える。これがポイントです。

そして成績を上げる**４つ目のコツは、「同じ問題集を何度もくり返し解く」**ことです。次から次へと色々な問題集を解いても、×が続くだけで、学習の成果は身につきません。「同じ問題集を、何度もくり返し解いて、全問正解できるようになるまでする」――これが、難関校に合格したお子さんの多くが実践している「成績アップの鉄則」です。

「第1志望校」に落ちた子には「あなたにとって一番いい学校に受かることになっているんだよ」と伝えましょう

今、中学受験は熾烈《しれつ》を極めています。小学校3年生の後半ぐらいから塾に通い始め、中にはまだ小学生なのに、夜9時、10時まで塾で勉強している子も少なくありません。中学受験の問題を見ると、本当にびっくりします。私は解けません。私にも娘がいますが、方程式を使わずに難解な算数の問題を解いていく娘を見て、「あなたは天才か」と思ってしまいました（笑）。それぐらい、難しいのです。

スタンフォード大学やハーバード大学の学生が、日本の中学受験の問題をほとんど解けなかったと聞いたこともあります。

逆に言うと、そんな問題、解けなくても、まったく問題ないわけです。

けれども、息子さん（お嬢さん）としては、「この学校に通いたい」と思って頑張って勉強していた学校に落ちてしまったら、落ち込んでしまうのが当然です。

そういうときに、親御さんとしてかけるべきひと言は、

「きっと、あなたにとっていちばんいい学校に受かることになっているんだよ」

このひと言です。

たとえ第2志望だったとしても、中学だけで3年間、中・高一貫だと6年間、その学校ですごすわけです。お子さんが「不本意入学」だと感じてしまい、不全感を感じたまま6年間をすごしてしまうと、大切な中学、高校の6年間が台なしになってしまいます。

大切なことは、偏差値の高い学校ですごすことではありません。「二度と戻ることのない中学、高校という大切な6年間をどうやって幸福にすごしながら学んでいくか」です。

そのためには、お子さんが「ここが自分が行くべき学校だったんだ」「私はこの学校に行く運命にあったんだ」と感じられるような言葉をかけることです。

第1志望ではない私立中学校に入学し、不全感を抱いて公立中学校に戻ってきた子のカウンセリングを何度かしたことがあります。そうすると、公立中学校に戻ってもまた不全感を抱いて、不登校になってしまう子がすごく多いのです。

親御さんが「第1志望校にこだわらない姿勢」を見せること、これがとても重要です。第1志望校にかたくなにこだわる姿勢を親御さんが見せれば見せるほど、お子さんとしては「第1志望に受からなかった自分はダメな自分なんだ」「自分がこれから通う学校は、本来、自分が行くべき学校ではない学校なんだ」という思いが強くなってしまいます。

もう一度言いますが、大切なことは、第1志望校に受かることではありません。中学、高校の6年間をハッピーにすごしながら前向きな気持ちで学んでいくことです。そのために、お子さんの心の支えになるひと言をかけてあげましょう。

「先生に叱られて落ち込んでいる」なら、こんなひと言を

学校の先生方の中にも、厳しい方と、それほど厳しくない方がいらっしゃいます。一般的に言うと、20代の教師と50代の教師に厳しい先生は多いです。

20代の教師がなぜお子さんにきつくあたりすぎてしまうかというと、「子どもたちになめられたら大変だ」という思いがあるからです。

若い先生は、子どもたちになめられてクラスが荒れて、言うことを聞かなくなってしまうのを恐れています。なめられたらいけないと思うから、つい厳しくしてしまうのが20代の先生です。

一方、50代の教師には柔軟性がない方がいます。

勉強にしろ、運動にしろ、いくら頑張ってもうまくできない子、給食でもこれだけは食べられないという子どもがいます。そんな子どもたちに、「例外は認めません」

と厳しく言ってしまいがちなのが50代の先生です。

先生に厳しく叱られて落ち込んでいる子には、まず、なぜ叱られたのか、何があったのか、その出来事をくわしく聞きましょう。そして、「確かにうちの子に否がある。やっぱりこれは叱られても仕方ない」と思われるときには、そのことを親御さん自身、まずしっかりと受け止めましょう。

先生にも電話をかけて、「うちの子、こんなことをしてしまったみたいで本当にご迷惑をおかけしました」とひと言お伝えするのがいいと思います。

そして、お子さん自身には、

「そっか、厳しく叱られて、へこんじゃったんだね。自分でも悪いことしたなってわかってるんだよね。そのことに気づいていることが、いちばん大事なことだよ」「それはつらいね、落ち込んじゃったね……。でも、とっても大事なことに気づくことができたね」と声をかけてあげましょう。

ただでさえ先生に厳しく叱られて落ち込んでいるのに、お母さんからも叱られてしまうと、「私なんかどうせダメな子なんだ」「何を言われても仕方ないんだ」と意欲を失ってしまいかねません。**追い打ちをかけるのは、やめにしましょう。**

一方、お子さんに話を聞いていくと「これはいくらなんでも先生がやり過ぎではないか」と思われることもあるかもしれません。

しかし、そんなときに、いわゆるモンスターペアレントになって、「先生、いったい何てことしてくれたんですかぁっ！」と責めたてるのは、あまり得策ではありません。

「先生、うちの子、何か先生を怒らせてしまったようで申し訳ありませんでした。ただ、ちょっとあまりにも落ち込んでいるものですから……。親としては、不登校になってしまわないかと心配なんです。もしまた同じようなことがありましたら、もう少しうちの子が前向きな気持ちでいられるような叱り方をしていただけませんか」と、気持ちをグッとおさえて、「先生にしていただきたいことを具体的にお願いする」のが、賢明《けんめい》な親御さんのやり方です。

「具体的にどうしてほしいか」をていねいにお願いされたら、たいていの先生は、そのとおりに動いてくれます。そういう「誠実さ」をほとんどの教師は持ち合わせています。

「何てことをしてくれたんだ!!」と先生をどなりつけるのではなくて、冷静に、**先生に「してほしいこと」を具体的に「お願い」して**みてください。

「勉強や宿題をしない子」に、どう言えば勉強させることができますか？

小学校3年生の半ばくらいから「うちの子は、宿題をしません。勉強もしません。どうしたらいいですか」といった相談が急に増えてきます。「宿題もいつも放《ほ》ったらかし。いつも遊んでばかりいます。テレビをボーッと見ている時間も少なくありません」という声も聞こえてきます。そして、親のこんなセリフが増えてきます。

「勉強しなさい！　勉強しないとろくな大人になれないわよ！」

でも、どんなに言ってきかせようとしても、やってくれません。


小学校3年生の途中で、急に勉強が難しくなるのです。教科書の内容が途端にレベルアップします。

まわりの友だちに急に差をつけられたように感じて、勉強に自信をもてなくなり、意欲が低下していく子も少なくありません。

小学校３年生で、子どもは急に大人になることを急《せ》かされ始めるのです。また、下校時間も遅くなります。ほとんどの３年生が習い事をしているために、放課後の時間がとても忙しくなって、やりくりをしにくくなります。その結果、勉強もしないし、宿題も放ったらかしという事態が生まれてしまうのです。

では、どうすればいいのでしょうか。

家庭で学習を続けるためのポイントを３つ、紹介しましょう。

１つ目は、「生活リズムを整える」ことです。生活リズムが乱れると、お子さんの気力、体力ともに低下していき、勉強にも集中できなくなります。まず、お子さんの起床時間や就寝時間を一定に保つことを心がけましょう。帰宅時間が遅くても、無理させず、早めに寝かせましょう。また、就寝前にテレビを見たり、ゲームをしたりすると眠りが浅くなりがちですので、できれば就寝２時間前には、テレビやゲームをやめる習慣をつけましょう。

2つ目のポイントは、習い事を整理することです。

勉強ができないお子さんには、超ハードスケジュールの子が多いのです。習い事がたくさんありすぎて、勉強や宿題のことを放ったらかしてしまうのです。習い事を整理しましょう。そのときに、「もう、あんた習い事やっていると勉強しないからやめようね」などと言うと、お子さんは自信を失ってしまいます。「ここまでよく頑張ったね。これはもうだいぶやったから、そろそろ、終わりにしてもいいかな」と、明るく前向きな姿勢で習い事をやめることについてお子さんと相談しましょう。

3つ目は、勉強時間を見直すことです。

お子さんによって、適した勉強のスケジュールも異なってきます。たとえば、3時から4時に帰宅するのなら、帰ってすぐに宿題をするのがベストです。「夕方の時間」が、いちばん脳が活性化する時間だからです。できるだけ夕食前に宿題をすませるようにしましょう。晩ごはんを食べたあとは、リラックスして脳の働きも緩慢になるので、ちょっとテレビを見る時間とか、ゲームをする時間とかにあてるのがいいと思います。

効果がないのは、「いったい、なんでやんないの！」と頭ごなしに叱り続けることです。お子さんが勉強する気を失《な》くしているときに、「とにかく勉強しなさい！　とにかく頑張りなさい！」と、ひたすら檄《げき》を飛ばしまくる。この方法で勉強するようになった子を、私は知りません。

効果があるのは、「お母さんもやるから、いっしょにやろうね」——そう言ってスタートの10分だけでも、お母さんがお子さんといっしょに勉強することです。

お子さんが勉強しないのは、「勉強は、1人でやるつまらないもの」というイメージがあるからです。これを「勉強は、お母さんといっしょに楽しくできるもの」とイメージを変えていきましょう。「勉強」＝「楽しいもの」というイメージにならないと、お子さんがすすんで勉強を始めるようになることは、まずありません。

また、**お子さんが自分なりに考えた解き方を否定しない**のも大切なことです。今、PISA型学力と言われていて、自分で問題解決していく「新しい学力」が重視されています。「この解き方は正しくて、この解き方は間違っている」という指導をするのではなく、「どんなふうにしたら解けるかな？　どんな解き方が工夫できるかな？」と、お子さんなりに自分なりの解き方を考えさせる、そうした学力が求められているのです。

お子さんに「勉強の習慣」をつける方法としては「進化」をキーワードにするのも一案です。

アニメの『ドラゴンボール』の人気でもわかるように、お子さんは「進化」とか、「賞をもらう」とか、「なんとか王になれる」というのが大好きです。ですので、「これができたら○○王になれるよー」と、ゲーム感覚でお子さんに勉強の習慣をつけていきましょう。

「すごいねー、この問題ちょっとワンランク上の問題かな？　これができたら◇◇王になれるよー」と、勉強に誘ってあげてください。ゲーム感覚で勉強の習慣をつけていきましょう。

「習い事」を始めても、すぐにやめたがる子への3つのアドバイス

「うちの子は、習い事が続かないんですけど……」という相談は、とても多いです。根気のない子になってしまいそうだと不安になられるのでしょう。

そのときに私がカウンセラーとしてアドバイスしている点は、次の3つ。

1つ目は、習い事を一度「整理」してみることです。毎日、毎日、習い事を「ただこなしている」という感覚が募ってくると、やる気も失せてきます。習い事を整理しましょう。そのとき、お母さんが勝手に決めるのではなく、お子さん自身に選ばせることが大切です。

2つ目に、お子さんの能力アップにつながるものを選んで、さりげなくそれをすすめるのもポイントです。私であれば、ピアノに絞ります。ピアノは、知性、感性、運動感覚すべてを1つに連動して育てていくのに役立つからです。

3つ目に、「僕、やっぱりできないや」と言ってきても、2～3回は背中を押してあげてください。お子さんは、もうちょっと頑張ればできるかも、というところにいるかもしれません。あとひと踏ん張りすると、楽しくなってきて、才能も開花してくるかもしれないのです。

「大丈夫、○○くんならできる！　もう1回行って来ーい」と背中を押してあげましょう。

「もう、何言ってんの！　続けなさい」と無理矢理やらせるとお子さんの意欲は低下してしまいます。また、すぐに「そうか、マーちゃんやめよっかー」と言って、すぐにやめさせるのも、「ガマンする力（耐性）」の低下につながります。

2～3回だけ、**「もうちょっと頑張ってみようか!?」「○○くんなら、もうちょっとでできるようになるかもしれないよ」**と背中を押してあげましょう。「踏ん張る力」を身につけさせるのも、必要なことです。

もう少しだけ頑張ってみて、それでもやっぱりダメだとなったら、「そうか、マーちゃん。これはあんまり合わないのかな？」と言ってやめさせてあげるのもありだと思います。

いつも「ネットやゲーム、マンガ」ばかりしている子とのルール作りのコツ

ゲームやネット、マンガによくないイメージを抱いている方もいると思います。

しかし、ある調査によると、マンガ本をよく読むお子さんは字や言葉を覚えるのが早いことがわかっています。ゲームも知的発達に役に立つとも言われています。

問題はそれらにかかわる頻度《ひんど》と時間の長さです。いつもマンガやネット、ゲームばかりダラダラしている。

これは、確かにお子さんの成長に良くない影響をもたらします。

大切なのは、タイムスケジュールです。

おすすめは、夕食後に1～2時間だけ、ゲームやマンガの時間をつくってあげる、という方法です。

ただこの場合も、話しあいながら、お子さんが納得のいくタイムスケジュールにしましょう。

親から無理矢理決められたルールを押しつけられて、やる気を失ってしまう子は少なくありません。

「お母さんね、今のあなたの生活このままでは良くないと思うんだ。でもあなたが、ゲームとかネットとかマンガを本当に楽しみにしていることもわかっているから全部禁止じゃなくて、〝時間制限〟制にしたいの。**ゲームやマンガを何時頃に、何時間くらいするか、いっしょにタイムスケジュールを作ってみない？**」

そう言って、話しあってみてください。

もう1つ、**寝る前2時間は、テレビゲーム、ネットなどはしない**のがお勧めです。

ある私立小学校で、寝る前2時間はすべての家庭でテレビゲームを禁止にしたそうです。すると、学校でのいざこざ、落ちつきのなさなどが急減したと言います。

つまり、寝る前2時間のテレビゲームやインターネットは、脳への悪影響が非常に大きく、学校での勉強にも集中して取り組めなくなるのです。

あまりに残酷なマンガやホラー映画なども悪影響を及ぼすことが少なくありません。

バラエティー番組にも、ボケ役のタレントをみんなで叩いたり、これはいじめの容認ではないかと思われる番組も少なくありません。

こうした番組を親子でいっしょに笑いながら見ていると、「弱いもののいじめは愉快だし、特に悪いことではないんだ」という感覚をお子さんの中に育んでしまいます。

テレビは選んで見るようにしましょう。

「両親のけんか」を目にして、暗い気持ちになっているお子さんへの言葉

両親がいつもけんかをしていると、お子さんはとてもつらい気持ちになります。特に、小学校4～5年生ぐらいから、いわゆる「思春期」の入口にくると、両親の間にどういう空気が漂っているのか、とても敏感に察知するようになってきます。

そして、「お父さんとお母さん、いつもけんかばかりしているよね。私みたいにダメな子が生まれちゃったせいなのかな？　だったら、私、いなくなっちゃったほうがいいのかな」と自分のせいに感じてしまったりするのです。

作家の雨宮《あまみや》処凛《かりん》さんは子どもの頃、両親の夫婦げんかを目の当たりにしたとき、「いつもとはまったく違う家の雰囲気に、それまで感じたことのない恐怖を感じた」と言います。自分の下にあると思っていた地面がなくなるような、家中の電気が消え

て真っ暗な世界にひとりだけ放り出されたような、そんな感覚に泣き叫びたい気持ちになったと言います。

両親がけんかをしていると、「自分のせいだ」と思うお子さんは少なくありません。両親が言い合いをしたり、物の投げ合いをするたびに、自分を責めて、私がダメだから両親はけんかをしているんだ、私はいい子じゃないからもしかしたら捨てられてしまうかもしれない……そんな気持ちに襲われてしまうのです。

しかし、お子さんはなかなか、その気持ちを言葉にしてはくれません。

もし、お子さんが自分の気持ちを言ってくれたなら——これだけで、とてもすばらしいことです。つまりこの子は「お母さんはわかってくれるかもしれない」と思ったからこそ、打ち明けてくれたのです。

ですので、まず、お子さんがその気持ちを伝えてくれたことに「ありがとう」を伝えましょう。

「つらい思いしたんだね、ごめんね。お父さんとお母さん、あなたが思っているほど仲悪いわけじゃないんだよ。でも確かに最近、小競《こぜ》り合いすごく多かったよね。つらい気持ちにさせてごめんね……。そういう気持ち、お母さんに教えてくれて、ありがとうね。勇気がいったでしょ」

「あなたの気持ち、お母さんに伝えてくれてありがとうね。……でもね、あなたが心配しているほど、お父さんとお母さん仲悪くないからね。あなたをひとりぼっちにすることなんか、絶対にないからね。安心してね」

こんなふうにお子さんの気持ちをねぎらいながら、実際にはお子さんが悩んでいるほど仲が悪いわけではないこと、離婚するつもりもないことを言葉にして伝えてください。

わざわざそんなこと、言わなくても、と親御さんとしては思うかもしれません。けれども、しっかり言葉にして伝えないと、お子さんには伝わりません。「言葉」にしてきちんと伝えることではじめてお子さんに伝わることは、たくさんあるのです。

「親が薦める進路」は、本当に子どもを思ってのことなのか、じつは親のエゴなのか…考えてみましょう

先祖代々開業医をしている一家などでは、お子さんには将来、医者になってほしいと思いがちです。そして、医学部に入らせるために小学校3年生から進学塾にも通わせたりします。けれども、当の本人はどうやら医者にはなりたくないと思っている。親は継いでほしいと思っているのですが……。

親は当然よかれと思って勧めているつもりです。でも、本当に子どものためなのでしょうか？

以前千葉大学に勤務していた時に、学生からこんな話を聞いたことがあります。「医学部に入ったものの、どうしても解剖がいやで、耐え切れなくなって嘔吐《おうと》してしまいました。そのときはじめて、僕はこれまで、どれだけ自分の気持ちを抑え込んで、

両親の気持ちに応えようとしていたか、そのことに気づいて、医学部をやめました。もともと作家になりたかったので、文学部に転部したんです……」

〝いい子〟であればあるほど、お子さんは自分の気持ちを抑え込んで親御さんの期待に応えようとします。これを「過剰適応」と言います。〝自分〟を消して親の期待に応えようとするのです。しかし、それは無理のある生き方なので、いつか破綻《はたん》します。お子さんには、お子さんの人生があるからです。人間、誰しも、「自分の人生」を生きることしかできないのです。

どんな職業に就くかは、お子さんが自分で納得して決めないと意味がありません。勧めたい進路があるときには、正直に、「**できたら、お父さん、お母さんとしてはこういう進路に進んでほしいんだ。でもね、最終的にはあなたの人生だから、あなたが決めていいのよ。**あなたの人生はあなたのものなんだから」「あなた自身が本当になりたいものは何かを見つけて、生きていってね」と言ってみてはいかがでしょうか。

どんなに強く勧めたい進路があったとしても、それを強制するのは、親としてのエゴです。お子さんの人生を親のエゴの犠牲にしないようにしましょう。

離婚をするとき、子どもに必ず伝えなくてはいけないことがあります

ご両親が離婚をしてしまうと、ショックなのはお子さんとして当然の気持ちです。これまでも、お父さんとお母さんは、あんまり仲良くないなと感じたことはあったけれども、実際に「離婚」という言葉を聞くと、やはりショックです。お子さんの気持ちは、今、悲しみで引き裂かれそうになっています。

「お父さん、お母さん、いったい、どうしてなの？ 私のこと好きじゃないの？ どうしてみんなでいっしょに仲良く暮らすことはできないの？」

こうしたお子さんの心の訴えを親御さんは心を込めて聴いてください。

もし泣いていたら、いっしょに泣いてもかまいません。お子さんがポロポロ涙を流していたら、「お母さんもね、本当につらい決断なんだ。ごめんね……」そう言いながら、いっしょに泣いてもかまわないのです。

ここで、思う存分、悲しい気持ちを出してもらうことが、次の一歩につながります。学校の担任の先生や保健室の先生、スクールカウンセラーの方に、実は家庭がこういう状態にあるということを伝えて、ご家族以外の人とお子さんが安心して気持ちを話せる場を設けてもらいましょう。

大切な人とお別れをしなくてはいけないとき、人は、「誰かに気持ちをわかってもらう」ことが必要です。

やってはいけないことは、お子さんにひとりで歯を食いしばって耐えさせることです。悲しいときに、思いっきり悲しんでもいい場を与える。つらいときに、思いっきりつらい気持ちを出してもいいんだよと伝える。こういったことが、とても重要です。

「お父さんとお母さんのバカ！　私にとってはそれぞれたったひとりの、大切なお父さんとお母さんなのに、いったいどうして……どうして……」

そんなお子さんの思いを誰かに十分聴いてもらうことが大切です。

両親が離婚するときに「これだけは必ず言っていただきたいひと言」があります。

それは、**「離婚するのは、お父さんとお母さんのせいだよ。あなた（お子さん）が悪いんじゃ、ないからね」**と伝えることです。

というのも、両親の離婚に際して、少なからずのお子さんが、「自分が悪い子だからパパとママは離婚してしまうんだ」「自分がもっと〝いい子〟にしていれば、お父さんとお母さんはきっと離婚しないですんだんだ」と、自分を責めることが多いからです。言葉にしなくても、心の中でそう思っていることは少なくありません。

離婚することをお子さんに伝えるとき、お子さんにハッキリと落ちついた、やさしい言い方で、「お父さんとお母さんが離婚するのは、決してあなたのせいではないんだよ」と明確に、言葉にして伝えていただきたいのです。これは、とても大切なことです。

「パパとママが離れ離れになるのは、パパとママに理由があるからなんだよ。パパとママの問題なんだよ。今のあなたには、それがわからないかもしれない。**パパとママが離れ離れになってしまうのは、決してあなたのせいではないの」**

このことをしっかり伝えた上で、お子さんの悲しい気持ちを十分に聴いて、「ごめんね……」と言って、いっしょに心を込めて泣く。これが、親御さんとしてできる精一杯のことだと思います。そして、**「離婚したあとも、パパはずっと○○ちゃんのパパのままだし、ママもずっと○○ちゃんのママのままだよ。あなたのことを、ずーっ**

と、ずーっと、世界で一番愛しているんだよ」と伝えていきましょう。

「そんなことは言葉にしなくても、わかるはず」と思われる方がいます。しかし、それはお子さんには、通用しません。「離婚するのは、あなたのせいではないのよ」「パパとママはず〜っとあなたのパパとママのままだよ。ずーっとずーっと愛しているよ」――このことを「言葉」にして、明確に伝えることが大切です。

「離婚」という重要な場面であるからこそ、このことを必ず「言葉」にして明確に伝えましょう。

親を事故（病気）で亡くしたとき、言ってあげたい言葉、絶対に言ってはいけない言葉

●お葬式のときに子どもに言ってはいけない言葉

親を亡くしたお子さんの多くが、「お父さんが死んでしまって、お母さんはすごく悲しいはずだ。つらいはずだ。僕（私）がしっかりしなくちゃいけない。僕（私）がお母さんを支えてあげなくちゃいけない」――そんな思いを抱いています。自分では何でもないような顔をしているつもりでも、内心はすごくストレスが溜まっていて、どうしても暗い表情になってしまうのです。

そういうお子さんの心理をぜひ心にとめておいてください。

お葬式のときなどに、親戚の方などは「カズオくん、きみは男の子なんだからしっかりしなきゃダメだよ。これからはカズオくんがお父さんの代わりにお母さんを支えてあげるんだよ」などと言ってしまうことが多いものです。これは、親御さんを亡く

して混乱のただ中にいるお子さんに、**「絶対に言ってはいけない言葉」**です。

そんなこともあったから、カズオくんとしては歯を食いしばって、毎日、何ごともなかったかのように振る舞おうとしている。

けれども、心の中は、本当は全然大丈夫ではなくて、毎日打ち震えるような悲しみを自分の中で押し殺している。なんとか何ごともなかったかのようにしようと思っているけれども、どうしても暗い表情になってしまうのです。

「父親が亡くなったこと」を頭ではわかっていても、心ではその現実を受け止めきれずに、ただどうしたらいいか、わからないますごしているお子さんもいます。

●大切なものを失う体験

人は、長い人生の中で、さまざまなものを失います。愛する人や家族を失う、大切にしていたペットを失う、仕事を失う、立場を失う、事故や病気で身体の一部を失う……。さまざまなものを失う体験（喪失体験）は、「悲しみ」「傷つき」「怒り」といった感情を引き起こします。

こうした「大切な何か」を失う「悲嘆」（グリーフ）の体験を通して、人生を新たに再構築していくプロセスを支えることを「グリーフワーク」と言います。

親御さんを亡くしたお子さんは、当然ながら、さまざまな感情に襲われます。

「どうして、お父さん、いなくなっちゃったんだ！」という「悲しみ」。

「友だちのお父さんはまだ生きているのに、どうして僕だけ、こんな目にあわなくてはいけないんだ！」という「怒り」。

「お父さんいなくなっちゃって、僕の人生、これからいったい、どうなっちゃうんだろう」という「不安」……。

また、頭痛や腹痛、めまいなどの症状が生じたり、食欲がなくなったり、眠れなくなったり……あるいは急に攻撃的になって「死ね」「殺す」などの乱暴な言動が多くなったり、赤ちゃん返り（退行）をして、それまでできていたことができなくなって、親の側から離れられなくなったり……こうしたいろいろな変化が次々と生じます。

中には、お母さんが亡くなる前日に、わがままを言ってお母さんを困らせていたために、「私のせいで、お母さん死んじゃったんだ」と自分を責める子もいます。

無理もありません。大切な親御さんが、突然いなくなったのですから……。混乱しないほうが、無理というものです。

それまでよくお話をしてくれていた子が、突然、まったく何も話さなくなり、完全に無表情になってしまう、ということも、よくあることです。

では、どうしたらいいのでしょうか。

●大切なのは「安心感」と「気持ちを表現してもらうこと」

まずは「安心感」を与えること、そして次に、ゆっくりと、自分のペースで、自分の気持ちを表現してもらうことです。

ここで参考になるのは、アメリカのオレゴン州ポートランドにある「家族を亡くした子供たちの心のデイケアセンター」ダギー・センターの取り組みです。

このセンターの設立のきっかけには、名著『死ぬ瞬間』の著者として著名な、エリザベス・キューブラー・ロス博士がかかわっています。医師から余命3カ月と宣告された「ダギー」と呼ばれていた9歳の男の子が、キューブラー・ロスに手紙を書いたのです。

「大好きなロス先生。1つだけ聞きたいことがあります。いのちって何ですか？　死ぬってどういうこと？　どうして子どもが死ななくちゃいけないの？　愛をこめて、ダギー」

この手紙に、キューブラー・ロスは次のような返事を書いたといいます。

「ほんの短いあいだだけ咲く花もあります――春がきたことを知らせ、希望があることを知らせる花だから、みんなからたいせつにされ、愛される花です。そして、その花は枯れます――でもその花は、やらなければならないことを、ちゃんとやり終えたのです」

また、ロスはこうも言っています。

「地球に生まれてきて、あたえられた宿題をぜんぶすませたら、もう、からだをぬぎ捨ててもいいのよ。

からだは、そこから蝶が飛び立つさなぎみたいに、たましいをつつんでいる殻なの。ときがきたら、からだを手ばなしてもいいわ。そしたら、痛さからも、怖さや心配からも自由になるの。神さまのお家に帰っていく、とてもきれいな蝶のように、自由に」

（エリザベス・キューブラー・ロス著　上野圭一訳『人生は廻る輪のように』角川書店）

感動的なお話ですね。キューブラー・ロスの親友で、看護師だったヘベリー・チャペル夫人が、この少年の名前を借りて、「ダギー・センター」を設立したのです。

私は1998年2月に、ある偶然に導かれるようにして、当時ダギー・センターのトレーニング・ディレクターをされていたシンシア・ホワイトさんとお知り合いになったことから、ダギー・センターを訪ねました。施設の壁一面に、ここを訪れた子どもたちが両親が亡くなった場面を描いていました。

そしてその真ん中にキューブラー・ロスさんの次の言葉が記されていました。

「悲しみを忘れないで」

この言葉ほど、両親を亡くしたお子さんたちにかかわっていくうえで必要なことを、一言で表現した言葉はないでしょう。

ダギー・センターに来る子どもたちの多くは、ここに来るまでは、「自分の悲しみは誰にも理解できない」と思っていたと言います。けれども、ダギー・センターに来て話をしてはじめて、「自分は理解された」と感じるようになるのです。なぜでしょうか。

ダギー・センターで重要視されているのは、何をしても許されるような「安心感」です。

ダギー・センターに来ていたある4歳の男の子が手を切って絆創膏を貼ってもらうのを見ていて、近くにいた別の5歳の男の子がこう言ったといいます。

「僕にも貼って。僕も痛いから。僕のは、目に見えない傷だけど」

この発言ひとつとっても、「何でも言える自由と安心感」があることがわかりますね。

この「安心感」を醸成するため、ダギー・センターでは次の4つの原則を重視しています（http://ashinaga.fc2web.com/dagi.html を参照）。

① 1人1人の抱える悲しみは、違っていること
② 悲しみは、自然なことで、病気ではないこと
③ 子どもたちには、「安全な場所」「安心を与える場所」を提供する必要があること
④ 何かを教えるのでなく「心の痛みを感じる」ことのできる場所を提供することが大切なこと

●「気持ちを吐き出す」ことの大切さ

ダギー・センターで次に重要視しているのは「気持ちを吐き出す」ことです。安心感に支えられながら、自分のペースで、気持ちを表現していくのです。

ダギー・センターでは、さまざまな仕方で、お子さんの感情表現を支えていきます。ユニークな部屋に、「火山の部屋」があります。この部屋には、サンドバッグがあって、思い切りパンチをしたり、レスラー人形を殴り付けながら、怒りを表現することができるのです！

ここでは、ほかにも、「大声で叫ぶ」「話を何度でも聞いてもらう」「人形劇」「砂遊び」「エアーホッケー」「絵を描く」「絵の具を壁に投げつける」「死んだ父親へ手紙を書く」などのさまざまな方法で、お子さんたちが気持ちを表現していくのを支えていきます。

ダギー・センターでは、親御さんがなぜ死んだのか――たとえ親御さんが自殺していても――その事実を、ありのままにお子さんに伝えるべきだ、と考えています。

親御さんが自殺したのなら「自殺した」、殺されたのなら「殺された」、病気で死んだのなら「心臓の病気で死んだ」と、事実をありのままに伝えていくのです。

7～8歳くらいまでの子どもは、死というものを理解できないので「お父さんはいつ帰ってくるの?」「お誕生日には来てくれるかな?」というような質問をくり返しおこないます。ダギー・センターのスタッフは、その都度、具体的な言葉で、「死んだこと」と「生きていること」の違いをくり返し話して聞かせます。

では、親御さんはこのダギー・センターの実践に何を学び、父親(母親)を亡くしたお子さんをどうやって支えていけばいいのでしょうか。

●親を亡くした子どもがたどる「5つのプロセス」

1つの参考となるのは、『死ぬ瞬間』で、キューブラー・ロスが説いた「死の5段階説」です。これは、死にゆく人が「自分の死」という現実を受け入れていくプロセスを示したものですが、親を亡くした子どもにも、ほぼ共通したプロセスが見られるのです。

「5段階」とは、「①否認→②怒り→③取引→④抑うつ→⑤受容」という5つの段階です。

親御さんを亡くしたお子さんは最初、「そんな! お父さんがいなくなるなんて!!

そんなの嘘だ」と、父親が死んだという現実を認めることができないでいます。

次に生じてくるのは、「怒り」です。「どうして、僕のお父さんが死ななきゃいけないの!!」と「怒り」がわいてくるのです。

3つ目の段階が「取引」です。「もし可能なら、僕の腕の一部がなくなってもいいから、お父さんに生き返ってほしい」——多くのお子さんは、そんな気持ちを抱きます。

人気マンガ『鋼の錬金術師』の主人公2人の兄弟（エドとアル）は母親を亡くしたつらさに耐えられず、「禁忌」とされている「人体錬成」に取りくみます。自分たちの得意とする錬金術で母親を何とか生き返らせようとするのです。しかし、兄のエドは、その試みの代償として、自分の腕を失ってしまいます。

大切な親御さんを亡くしたお子さんと、『鋼の錬金術師』を見ながら話をするのもいいかもしれません。「あなたも、エドと同じように大切な何かを失ってしまったね」——そんな会話をして、直接的でない仕方で、お子さんの心に触れるのも悪くないかもしれません。

4つ目の段階は「抑うつ」です。失ってしまったもののあまりの大きさに打ちのめされます。

5つ目の段階が「受容」です。お子さんは、ゆっくり、ゆっくりと自分の父親が亡くなったという事実を受け入れていきます。

お子さんが、今、どの段階にいるのかを考えてみましょう。

お子さんが大きな悲しみにうちひしがれているときは、「そうだねー、本当につらいよね。お父さん、いなくなっちゃったんだもんね……」。

「信じられない！ どうして僕のお父さんがー」と言っているお子さんには、「そうだよね、認めたくないよね……」。

そんなふうに、お子さんの気持ちに寄り添った言葉をかけてあげましょう。

親子でカウンセリングを受けることもお勧めしたいです。お子さんの気持ちを十分受け止めてくれるカウンセラーに、思う存分話をさせてあげましょう。

親を亡くしても大丈夫な子どもなんて、この世にはいません。

今、お子さんにいちばん必要なことは、安心できる関係の中で、十分に気持ちを聴いてもらうことです。

「つらいときには、つらい気持ちを出してもいいんだよ。悲しい気持ちを、こらえなくてもいいんだよ。泣きたいときには泣いてもいいんだよ」

「無理しなくても、いいんだよ。悲しいときには、悲しんでいいんだよ。泣いても、いいんだよ」

そんなメッセージを伝えましょう。悲しみを押し殺してしまうと、いつまでもそのことが心の傷になって残ってしまいます。

定期的にカウンセリングに通って、安心できる治療空間の中で悲しみを表現するお手伝いをしてもらいましょう。できればお母さん自身もカウンセリングを受けて、御主人を亡くしたつらい気持ちを聴いてもらいましょう。お母さんの心がだんだん安定してきているとわかることが、お子さんにとっていちばんの安心材料になります。

「あ、お母さん最近、笑顔も多くなってきたな」——そうやって安心することで、お子さん自身も「僕も、自分の気持ちを出していいんだな」と思えてくるのです。お母さん自身の心の安定がお子さんの「自然回復パワー」を引き出す支えとなるのです。

第5章

思春期特有の悩みを持つお子さんにかけたい「このひと言」

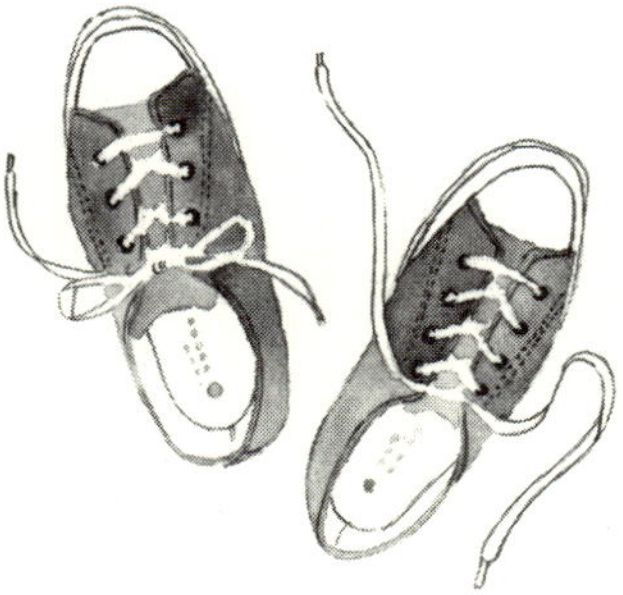

学校の先生とうまく協力していく秘訣はこれだ！

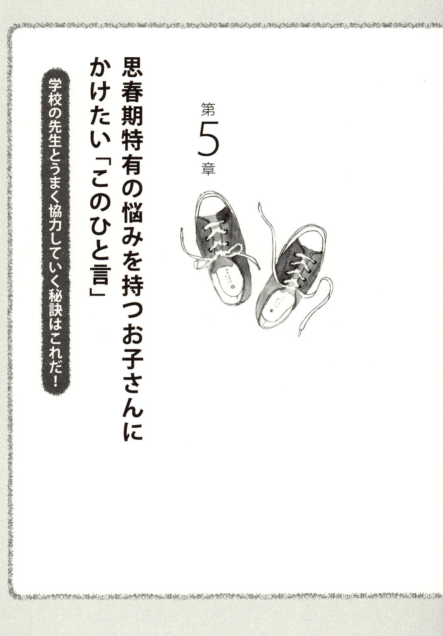

ＬＩＮＥに悪口を書き込まれたお子さんを催眠状態から解くコツ

思春期のお子さんたちの間では、携帯メールやＬＩＮＥ、携帯でのプロフ、学校裏サイト、掲示板などがコミュニケーション・ツールとして使われています。

そこではしばしば、集中的にある特定の子の悪口を全員で書き込むことが行われます。合いの手を打つようにして、その子の悪口をみんなで書き込んでいくのです。

そこに働いているのは、ある種の「同調圧力（ピア・プレッシャー）」です。みんなが悪口を書いているのに、自分だけ悪口を書かないでいると今度は自分が悪口を書かれるかもしれない……そんな恐れを多くの子どもたちは抱いています。

しかし、ターゲットにされ、悪口を書き込まれた子は、当然のことながら、心に大きな傷を受けます。

昨日まで仲間だと思っていた友だちから、一斉に悪口を書き込まれると、お子さんは「いったい私は何を信じたらいいんだろう」「昨日まで友だちだと思っていたのに、友だちっていったい何？」と、しばらく人間不信になってしまいます。無理もありません。

こんなとき、親御さんとして大切なことは、**「あなたが悪いんじゃないんだよ」と、しっかり言葉にして伝えること**です。というのも、悪口を集中的に書き込まれたお子さんは、「ある種の催眠状態」にかかってしまっているからです。

人間はあまりに何度も多くの人から自分の悪口を書き込まれていると、その渦中にいる間に、「なぜだか、自分でも自分のことが最低の人間のように思えてきてしまう」のです。

お子さんをこうした「催眠状態」から解くために必要なのは、まずは、「あなたは、そんな最低の人間じゃない」ことをしっかり伝えることです。

お子さんの話をゆっくりていねいに聴きながら、「あなたは決して、そんな最低の子なんかじゃないよ！　たまたまみんながノリで悪口を書き込んでいるだけなんだよ。その子たちだって、本気であなたのことをそんなふうに思っているわけではないと思うよ。今、たまたまそういう流れになっているだけだよ」と冷静に、きちんと、言葉にしてハッキリと伝えましょう。そして、「あなたにはいいところがたくさんある」ということ、「あなたは存在しているだけで価値がある存在だ」ということを言葉で、あたたかく伝えていきましょう。

できれば、しばらくの間、そういう電子メディアから目を遠ざけるようにお子さんに勧めてください。お子さんとしては、「自分のことがどう書かれているのか」気になっていると思います。

しかし、見れば見るほど、ますます気持ちは落ち込んでしまいます。また、ひと言、掲示板等で反論すると、ますますやり玉に挙がって、〝炎上〟していくことが少なくありません。黙っているにせよ、ひと言書き込むにせよ、掲示板に目を通すと、お子さんはますますつらくなるだけなのです。

ですので、親御さんとしては、お子さんに掲示板等をしばらくは見ないように勧めるのがいいでしょう。

「そんなことがあったの？　それはつらいわね……。ただ、そこに書かれていること

を本気にしてはいけないよ。あなたは決して、そんな悪い子じゃないからね。みんな一時的なノリで書いているだけだから……。しばらくそんなの見ないようにしよう。もしよかったら、お母さん、預かっておこうか?」

もしもお子さんが「でも、どうしても、見たくなってしまう」状態にある場合には、このように言って、お子さんの同意を得た上で、一時的に携帯やパソコンを親御さんが預かっておくのも一案です。

「大事な試合」に失敗してしまったら、まずは一緒に悔しがってあげること

こんな相談を受けたことがあります。

「地域のサッカーチームに入っています。先日、せっかく試合に出場できたにもかかわらず、いちばん大事な場面でシュートを外してしまいました。今、大変落ち込んでいます。『大丈夫だよ、チャンスはまたあるよ』と声をかけても、『でも、あんな大きな試合はもうないんだよ。僕、何のために練習してきたかわかんない……』そう言われて困っています。どう言ってあげればいいでしょう?」

お子さんが何かで失敗をしてへこんでいるときに、「気にしなければいいんだよ」「次、頑張ればいいんだよ」などと軽く励ましてしまうと、余計にへこんでしまうことが少なくありません。

「僕の気持ち、全然わかってくれていない。僕にとってどれほど大事な試合だったのか……」という気持ちばかり募らせてしまうものです。

そんなとき、お子さんの支えとなるのは、両親もいっしょに悔しがって、へこんであげることです。

たとえば、そのサッカーの試合をご両親で応援に行っていたとしたら、

「本当に、あのときは悔しかったよなぁー! お父さんも本当たまらなかったなー」「お母さんも悔しかったー、思わず泣いちゃったー。悔しいよねー」と、まずはいっしょに悔しがってあげると、お子さんとしては、「落ち込んでいるのは、僕ひとりじゃないんだ」という気持ちになれます。それが心の支えになるのです。

人生、「取り返しがつかないこと」は、いくつもあります。

小学校、中学校、高校でそれぞれ1回か2回しかない「本当に大事な試合」というものがあります。

そこで大きなミスをしてしまったら、悔やんでも悔やみきれないほど落ち込んでしまいます。当然です。そのために、毎日つらい思いをしながらトレーニングを重ねて

きたのですから。

しばらくはお子さんが落ち込んでいる様子を黙って見守ってあげましょう。そして、しばらく経って、お子さんの心にエネルギーが戻ってきたら、「**よし、また頑張ろうな！**」とひと言、励ましの言葉をかけてあげてください。

恋をして悩んでいる様子のお子さんには、恋愛の素晴らしさを語ってあげてください

私は、全国の中学校や高校で、全校生徒を対象の講演会をしています。先生方が前もって生徒全員に「今度、諸富先生という心理カウンセラーの先生が来られます。普通の講演会ではなくて、みなさんが今、悩んでいること――友だち関係の悩み、恋愛の悩み、勉強の悩み、進路の悩み、家族の悩み、人生の悩み――に答えてくれ、お話をしてくれます。どんな悩みでもいいから、今から配る紙に全員何か１つ書いてください。名前は読まれないので安心してください」と伝えてもらいます。生徒全員に書いてもらうのが、ポイントです。

そのアンケートに書かれた悩みの中から、担当の先生が、面白いもの、真剣なもの、楽しいもの、深いもの、ふざけたもの――色々な悩みを、30ほどピックアップして、私がその悩みにアドリブで答えていくスタイルの講演です。言わば「全校生徒対象合

同カウンセリング」です。自分で言うのも何ですが、生徒が他の生徒の悩んでいることを知って、安心できることも多く、全国的に大好評です（ご依頼は zombieee11@gmail.com まで）。

その講演の中で、「恋愛の悩み」が、必ず1つ2つは取り上げられます。

中学生の女の子に多い悩みは、「好きな男の子に告白したのですが、『ほかに好きな子がいるから』とフラれてしまいました。でも、どうしても、その子のことがあきらめられません。その男の子の近くを通るたびにドキドキしてしまいます。いったい、私は、どうしたらいいんでしょうか」……。こんな悩みが、いちばん多いのです。

私はこうした悩みに答える中で、「実は、中学生の男の子の半分くらいは、まだ本当の恋愛には関心がないんだ。だから、『つきあってください』と女の子から言われても、どうしていいかわからなくて、それで、あなたを傷つけないように『ほかに好きな子がいるから』と答えた可能性もありますよ……」と伝えます。

思春期の男の子には、エッチな感情が芽生え始めます。女性の身体に関心を持ち始めるのは、中学生の男の子としてごくふつうのことです。けれども、だからと言って、

「女の子と交際」といっても、どうしたらいいかわからない。こんな男の子がかなり多いのです。それで、女子から告白しても空振りに終わるのです。

実際に、ある男の子から相談されました。

「先生、僕、○○ちゃんからつきあいたいって相談されたんですけど、実際、女の子とつきあったこともないし、つきあうってどういうことかもよくわかんないし、なんて言ったらいいかわかんないんですよね。○○ちゃん、悪い子じゃないし、傷つけたくないし……」。

男の子としては「僕はまだ、つきあうって、どういうことかわからないんだ、なんて言うと、何だか子どもみたいに思われるのもいやで……」というのが本音なんですね。

中学生の男子と女子は精神年齢が2歳くらい違います。もちろん、個人差もありますが、中2の女子からすれば、同級生の男子は、実は、小6ぐらいの中身だったりします。

中学生のお嬢さんが、同級生の男の子に「フラれた」といって悩んでいるとしたら……、たとえば「○○くん、決してあなたのことが嫌いなわけじゃなくて……**まだ恋**

愛そのものに関心がないんじゃないかな……」と伝えてあげるのも悪くないと思います。

あるいは、「**そんなに○○くんのこと、好きなんだ。そんなにひとりの人のことを好きになれるって、すてきなことだと思うよ。恋愛ができるって、すばらしいことだよね。**ひとりの人に思いを傾けられるって、たとえ片思いでもとても大切なことだよ」――同性の親御さんがそんなふうに言ってあげるのも悪くないと思います。

大切なのは、お子さんが決して恋愛に対して否定的なイメージを抱かずにすむようにすることです。恋愛をすることは、たとえ結果が伴わなくても、それ自体、すばらしいことなのだと、親御さんとして、またひとりの人間として伝えていきましょう。

暗い顔ばかりしている子に、「もっと元気を出しなさい」はNGです

お子さんの「表情」は、お子さんの「言葉」以上に気持ちをよく表しています。

スクールカウンセラーとして、担任の先生に「このお子さんは、学校でどういう表情をしていますか」と聞くことがあります。

すると、「あの子は、いつも前髪をダラーッと垂らして、ずーっと下を向いています。まるで、誰とも視線を合わせずにすむために、そうしているみたいに……」こんな答えが返ってくることが少なくありません。

こういった場合、わたしたちカウンセラーは「うつ」を疑います。中学生でも、うつ病とまではいかなくても、その手前の「うつ状態の子」は、少なくありません。

そのとき、お子さんにまず確認するのは、「眠れていますか？　ごはんは、食べられていますか？」この2つです。睡眠と食欲――この2点についてきちんと聞くこと

が、単に落ち込んで元気がないだけなのか、それとも、うつ病の可能性があるのかを見分ける上で重要だからです。
「うつ病」は、単なる「落ち込み」とは違います。脳内伝達物質の問題で、「頑張って意欲を出そうと思っても意欲が出ない」――そういった脳の状態になっているのです。

こういうときには、①お子さんに地域の教育センターなどでカウンセリングやプレイセラピーで自分の気持ちを表現してもらうことも必要です。②また、それと同時にメンタルクリニックに行って、少量のお薬をいただくことも必要になってきます。
「単なる落ち込み」と「うつ病」のいちばん大きな違いは、「睡眠障害があるかどうか」です。睡眠障害には、①寝つきが悪い（入眠障害）、②寝たと思ってもすぐ目が覚めてしまう（中途覚醒）とがあります。2時間ごとに目が覚めてしまうようなこともあります。

睡眠障害があると、脳が休んでいないので、脳にエネルギーが補給されていません。そのために、元気を出そうと思っても元気が出ないようになってしまっているのです。まず「よく眠れる状態」をつくることが大切です。医師と相談して、副作用の少ない睡眠導入剤や軽い抗うつ剤を飲んで、メンタル面の改善をはかるといいでしょう。

親御さんのかかわりで大切なのは、決してお子さんの元気のなさを責めないことです。

うつになるのは、まじめなタイプのお子さんに多いです。こういうタイプの子は、「もっと元気を出しなさい」と言われるのがいちばんつらいのです。「元気を出したいと思っても出せないのがうつ」なので、お子さんのそうした苦しみを親が理解することが大切です。

そして、自分でもイヤなのにどうしても暗い表情になってしまう、その子の気持ちに寄り添ったひと言をかけてあげましょう。

「**そっかー、そういう気持ちになっちゃうんだね。それはつらいね……**」と、お子さんのつらい気持ちに共感し、寄り添ってあげましょう。お子さんが学校でのつらい出来事を話しはじめたら、ていねいにやさしく、その話を聴いて、気持ちをそのまま受け止めてあげてください。

「いつも暗い表情をしている子」も、時には、多少前向きな話をすることもあるはずです。そのときには、そのことをピックアップしてあげましょう。

「そうか、今日はちょっと外に出てみたい気分なんだね」

「そっか、あそこの公園を散歩してみたいと思ったんだね。桜が咲いてる季節だもんね」

こんなふうに、**どんなに小さなことでもいいので、お子さんの「意欲」が表現されているところを、ていねいにとりあげて、「いっしょにやってみようか」**と寄り添ってあげましょう。「じゃ、いっしょに桜、見に行こうか」とか、「いっしょに映画、見に行こうか」とお子さんの「ちょっとした活動の意欲」を上手に無理なくサポートしてあげてほしいのです。

無理なダイエットをしようとしている子に伝えてほしいこと

中学生ともなってくると、特に女の子は体重やスタイルにかなり敏感になっています。そしてダイエットに夢中になったりします。

ダイエットをしすぎて、いわゆる〝拒食症〟になってしまう思春期の女の子が後を絶ちません。中には、体重が30キロを切ってしまって、入院する中学生もいます。

世界で最も「痩《や》せ願望」が強いのが、日本の女性であると言われています。日本の女性の平均体重は、世界平均から見ると、危険領域に位置しているというデータもあるようです。

特に怖いのは、思春期のお子さんがインターネットなどで情報を得て、非常に無理のあるダイエットをすることです。

たとえば、スナック菓子ばかりを食べて、自分を〝満腹だけど、栄養失調状態〟にして、痩《や》せていく方法です。スナック菓子をひたすら食べると、たしかにそれだけで満腹にはなるのですが、栄養バランスが崩れて、結果的に痩せていくのです。

けれども当然ながら、これが体にいいわけがありません。中には、妊娠ができない体になってしまう方もいます。無理のあるダイエットは、自分の体に一生取り返しのつかないダメージを与えてしまうことをお子さんにぜひ伝えてください。

過度のダイエットをきっかけに、「食べたくても食べられない状態」になってしまい、体重が二十数キロになって命を落とす危険にさらされる女の子もいます。

たかがダイエットと軽く考えては、いけません。いのちに関わる重大事です。親子で一度、真剣に話をしてください。

こんなとき、お子さんにかけてあげてほしい言葉です。

「痩せたい気持ち、お母さんもわからないわけじゃないよ……だけど、無理なダイエットをすると、将来、赤ちゃんを産めない体になってしまうこともあるみたいだよ。あなたにそんな悲しい思いは絶対にさせたくないの。だから、無理なダイエットだけは、絶対にやめてね」

万引きをしてしまう子の2つの心理

「万引きをしてしまう子の心理」は、大きく分けて2つあります。

1つは「ゲーム感覚」での万引きです。どうやったら店員に見つからずに万引きできるか、ゲーム感覚でスリルを楽しむのです。この場合、1人ではなく、チーム（仲間）での万引きであることが多いです。

つまり、親御さんから見ると「困った友だちとのつきあい」があるわけです。友だちから「おまえやんねぇのかよぉ？　みんなやるんだぞ、いい子ぶるんじゃねぇよー」と言われ、万引きをしないとグループから外されると脅されていることが多いのです。

この場合、お子さんとよく話しあって、本当にその子たちと仲良くしていきたいのか、どこか無理していないか、話しあってみることが必要です。

親がショックを受けて問い詰めると、開き直って「いいじゃねぇか。あとで金返したんだろ？　買ったのと変わんねぇじゃねえか」などと言う場合もあります。

「友だちを失いたくないから、つい万引きをしてしまった気持ち、わからないでもないわよ。でも、万引きは絶対に良くないことよね。あなたの中にも、ホントは万引きなんかしたくないって気持ち、あるんじゃないの？　周りの友だちに流されずに、自分の気持ちをしっかり言える人間になってほしいな。『オマエらとは友だちでいたいけど、オレ、これはできない。だってしたくないもん』って、はっきり自分の考えを言ってみてほしい。そしたら、みんなも一目置いてくれると思うよ」

そう言ってみるのはどうでしょうか？

これを「アサーション」（相手を傷つけず、自分の気持ちも大切にする自己表現法）と言います。「相手とけんかをせず、ブチ切れずに、でも、自分の言いたいこと、言うべきことを落ちついた態度できちんと伝える」方法です。

「ごめんな、オレおまえらのこと好きなんだけど、やっぱ万引きは良くないと思うんだ。だから悪い、オレ、自分のやりたくないことは、やりたくないから、今回はやめとく」ときっぱり言うと、ほかの子たちも逆に一目置いてくれることが多いものです。ズルズルと周りの言いなりになったり、突然逃げ出してしまったりせず、「俺は、やらない」ときっぱり言えると、「あいつは無理して誘っても仕方ないな」と思われるのです。

もう一つのケースは、ひとりで万引きをくり返し行っている場合です。この場合――こちらの方が深刻ですが――「愛情の代わりに物を盗んでいる」ことがあります。

物を盗む子というのは、実は物を盗んでいるのではなく、愛情を盗んでいるのです。心を満たすために、物を盗んでいるのです。親御さんが面倒をみてくれない、心がさびしいお子さんが、万引きをして気を紛らわせているのです。

我が身を振り返ってみましょう。たとえば自分は、テレビを見ながら、新聞を読みながら、というような「ながら会話」しか、お子さんとしていないのではないかと。お子さんとしっかり向き合う時間を、1日に30分でもいいので作ってください。

何を話しかけても「別に」「それで？」「特にない」としか言いません。どうすればいいですか？

中学生の息子が、口を閉ざすようになりました。何を聞いても「別に」「それで？」「特にない」しか言ってくれません。「それじゃわからない」と言うと、「うっせえんだよ、くそばばあ！」とキレてしまいます。どうしたらいいでしょうか。

こんな相談をよく受けます。

中学生の子どもは今、まさに思春期、反抗期のどまん中にいます。

私も取材を受けたのですが、朝日新聞で「思春期、反抗期の子どもにどう接するか」といった特集を組んだら大きな反響を呼んで、当初の予定以上に連載が続いたようです。それぐらいに、この問題で悩んでいる親御さんは多いのです。

思春期は「自分づくり」の時期——それまで、親御さんの期待に応えることでつくってきた「自分」をいったん壊して、自分自身を再構築していく時期です。

中学校２年生〜３年生、14〜15歳のお子さんたちは、まさにその「どまん中」にいます。

このとき、小学校４年生くらいまでと同じように、まだ子どもだと思ってガミガミ厳しく接してばかりいると、お子さんはますます親御さんに心を閉ざすようになっていきます。

思春期のお子さんの子育てで最も重要なのは、「一歩引いて、見守る姿勢」です。

「別に」「それで？」しか言ってくれない。「くそじじい」「くそばばあ」と言ってくる。こういったお子さんの様子を見たら、「ああ、この子は今、〝自分づくりの作業〟に励んでいるんだな」と考えてください。そして、一歩離れて、あたたかい眼差しで「見守って」ほしいのです。

実は、私にも非常に強い反抗期の時期がありました。

中学校３年生から大学２年生までの約６年間、父親とほぼひと言も口をきいていません。そして、それで良かったのだ、と思っています。父親が憎かったわけではなく、ただその頃の私は、「自分で自分をつくり直す」ために、自分の殻の中にこもっておく必要があったのです。

それでも、「やっぱり少しは、子どもと話したい」と思われる方は、リビング以外の楽しい場所に、「場所を移して」会話をしてみましょう。リビングは、お子さんにしてみれば、いつもガミガミと言われ続けた場所です。リビングで何か話しかけられても、「どうせまた、ガミガミ言われるのだろう」としか思えなくなってしまっています。

小銭と暇を惜しまずに、**お子さんの好きな物を食べに行くのがいちばん**です。たとえばお子さんの大好きなフルーツ・パフェを食べつつ、楽しい話をしながら、ふと間が空いたときに、「いつもガミガミ言っちゃってごめんね。この前言った、あのことなんだけどさ……**もし○○してくれたら、お母さんとしては、とっても嬉しいんだけどな。○○ちゃんだったらできるよね❤**」と、**①「どうしてもこれだけはしてほしい」ことを、最低限のことに絞って②具体的に③やさしく「お願い口調で」④お子さんへの期待と信頼をこめて伝えてみましょう。**

アドラー心理学の「勇気づけ」です。

ガミガミと「上から目線」でモノを言われると、誰でもいやになりますが、①できることに絞って②具体的に③お願い口調で④自分への期待と信頼をこめて言われると、人は「やってみようかな⁉」という気持ちになるものです。是非、試してみてください‼

おわりに

本書は、お子さんがさまざまな問題にぶつかって悩んだり、苦しんだり、悲しんだりしているときに、「親としてどう接すればいいか」「どんな言葉をどう言えばいいか」を具体的に示した本です。

「友だちとうまくいかない」といった日常的な問題から、「親が死んでしまった悲しみ」といった深く切実な問題まで幅広くとりあげて、そんなとき、「親として、こんなことを言ってあげるといいですよ」と具体的なアドバイスを示しました。

私としては、「お子さんに何か、つらいこと、悲しいことなどがあったときには、まずはこの本を読んでヒントを得てほしい」——そんな気持ちで書かせていただきました。親御さんが、子育てでちょっと困ったとき、お役に立つことができれば幸いです。

私は、幼稚園や小学校、中学校、高校に通うお子さんを持つ保護者の方を対象にした講演をよくおこなっています。

そこでよく出る質問の1つに、「こんなとき、子どもにどう言ってあげたらいいですか」という質問があります。

カウンセリングをしていても、「先生、こんなとき、親として、どう言ってあげたらいいんですか」という質問は少なくありません。

しかし、本書をお読みいただければわかりますが、何かつらい出来事があって苦しいとき、悲しいとき……お子さんが必要としているのは「何かを言ってもらうこと」だけではありません。

むしろ、自分のつらい気持ち、悲しい気持ち、苦しい気持ちを「聴いてくれること」「ただ、そのまま、受け止めてくれること」を必要としています。

人はなぜか、自分のつらい気持ち、悲しい気持ちを「ただそのまま受け止めて聴いてもらっている」と、ジワーッと心のエネルギーがわいてきます。お子さんも同じです。

「僕、実は、いじめられてるんだ」「私、仲間はずれにあっちゃって」……。

そんな気持ちをただそのまま聴いて、受け止めてもらえていると、そして、ただひと言、「そうか。それはつらいね……」と気持ちをいっしょに感じてもらえていると、お子さんの心にジワーッとエネルギーが戻ってきます。

「心の自然回復エネルギー」が活性化し始めるのです。

「話をよく、聴いてくれること」

「ただ、そのまま、認めてもらえること」

「気持ちをいっしょに感じて、わかってもらえること」……。

このことほど、お子さんの心の「自然回復パワー」を活性化するものはひとつもありません。何のアドバイスも、必要ないのです。


むしろ、お子さんに「何か、気の利いたひと言を言ってあげよう」とする親御さんの姿勢は、マイナスになることさえ、あります。

つらい出来事に直面して、心がへしゃげそうになっているお子さんに接するときに重要なのは、「何を言うか」ではなく、むしろ、「何を言わないか」です。「余計なことを言わないこと」が大切なのです。

そして、ただ話を聴いて、お子さんのつらい気持ち、苦しい気持ち、悲しい気持ちを共有すること、「いっしょにその気持ちを感じること」です。

お子さんの語る「つらい気持ち」「悲しい気持ち」を、あれこれ言うことなく、「ただそのまま、いっしょに感じてくれる人」が、いつも近くにいてくれるということ——このことほど、お子さんが「心のエネルギー」を取り戻していく上で大切なことはありません。

自分の「つらく、悲しい気持ち」を「ただそのまま聴いて、いっしょに感じてくれる大人」が、いつでもそばにいてくれる。そう感じることのできるお子さんは、幸福です。

自分の「つらく、悲しい気持ち」を「ただそのまま聴いて、受け止めてくれる大人」との「つながり」をいつも感じていることができるお子さんは、その生来の「心の自然回復エネルギー」を最大限に発揮することができます。

そして「心の自然回復エネルギー」をフルに発揮することができれば、お子さんは、人生で直面するたいていの問題——人間関係のトラブルであれ、病気であれ、大切な人との別れであれ——を「自分で乗り越えていく力」（レジリエンス）を持つ人間に成長していくことができるのです。

この人生のすべての出来事には、意味があります。すべての出来事は、気づきと学び、自己成長のチャンスになりうるのです。

ただ、そのためには、子どもが「悲しむべきこと」をしっかりと悲しみ、「苦しむべきこと」をしっかりと苦しみ、「大切なものを失ったつらい気持ち」を十分に表現する①「場や機会」と、②「長い時間」と、③そのつらい気持ちをただそのまま受け止めてくれる「大人」の存在――この3つが必要です。

「つらいよ」「悲しいよ」「苦しいよ」――お子さんの気持ちを聴いて、受け止め、支えていくことが必要になります。お子さんが何をしようとしまいと、「決して、切らない、見捨てない」――「何があっても、お子さんを支え続けていく」という「決意」と「覚悟」が求められます。それが、「親」が「一人前の親」として成長していく、ということでしょう。

あなたのお子さんが、「人生のさまざまな問題に直面しても、自分で乗り越えていくことのできる人間」に育っていくことに、また、そうしたお子さんの成長を「そばで、そっと支えてあげることのできる親」にあなた自身が成長していくことに、本書が少しでも役に立つことができれば、幸いです。

「お子さんの心を支えることのできる親」にあなたがなるためには、まず、あなた自身の「心の成長」「人間的成長」が必要です。「お子さんが変わる」ためには、「親であるあなた自身」が変化し、成長していく必要があるのです。「心の成長」「人間的成長」のために役に立つ、心理学のワークショップ（体験的に学ぶ研修会）をご紹介します。

どなたでも参加可能です。ご関心がおありの方は、私のホームページhttp://morotomi.net/で内容をご確認のうえ、お申し込みください。

〒101-0062
東京都千代田区神田駿河台1-1明治大学14号館　諸富研究室内
「気づきと学びの心理学研究会事務局」
問い合わせ申し込み先　E-mail:awareness@morotomi.net
FAX　03-6893-6701

本書は、『子どもの心を救う親の「ひと言」』（小社刊／2011年）を大幅に加筆、再編集し直したものです。

著者紹介

諸富祥彦　明治大学文学部教授。臨床心理士。上級教育カウンセラー。教育学博士。千葉大学教育学部講師、助教授を経て現職。児童相談所、大学付属の教育相談センター、千葉県のスクールカウンセラー等、子どものことで悩む親のカウンセリングを30年近く行ってきた。
著書に『子どもよりも親が怖い』(小社刊)『男の子の育て方』『女の子の育て方』『ひとりっ子の子育て』『ひとり親の子育て』(WAVE出版)、『子育ての教科書』(幻冬舎)など多数。
本書は、子どもが傷ついた時や落ち込んでいる時などに、親がどう言葉をかけたらいいのか、具体的にアドバイスした。全ての親、待望の一冊である。
ホームページ http://morotomi.net/

「子《こ》どもにどう言《い》えばいいか」わからない時《とき》に読《よ》む本《ほん》

2015年3月10日　第1刷

著　者　諸《もろ》富《とみ》祥《よし》彦《ひこ》
発行者　小澤源太郎

責任編集　株式会社 プライム涌光
電話　編集部　03(3203)2850

発行所　株式会社 青春出版社
東京都新宿区若松町12番1号 〒162-0056
振替番号　00190-7-98602
電話　営業部　03(3207)1916

印刷　共同印刷　　製本　大口製本

万一、落丁、乱丁がありました節は、お取りかえします。
ISBN978-4-413-03944-4 C0037

ケタ違いに稼ぐ人は
なぜ、「すぐやらない」のか?
〈頭〉ではなく〈腹〉で考える!思考法
臼井由妃

「いのち」が喜ぶ生き方
矢作直樹

人に好かれる! ズルい言い方
お願いする、断る、切り返す…
樋口裕一

中学受験は親が9割
西村則康

不登校から脱け出す
たった1つの方法
いま、何をしたらよいのか?
菜花 俊

青春出版社の四六判シリーズ

キャビンアテンダント5000人の
24時間美しさが続く
きれいの手抜き
清水裕美子

人生は勉強より「世渡り力」だ!
岡野雅行

わが子が「なぜか好かれる人」に
育つお母さんの習慣
永井伸一

ためない習慣
毎日がどんどんラクになる暮らしの魔法
金子由紀子

なぜいつも〝似たような人〟を
好きになるのか
岡田尊司